동북아 지역공동체 인식 및 제도화의 과제

Perception and Institutionalization of Northeast Asian Community

이 제 민 외

백산자료원

본 저서는 한국학술진흥재단의 1999년 선정 중점연구소 지원사업 3단계 연구비 지원에 의해 이루어졌음 (과제번호: KRF-2003-005-B00015)

머리말

연세대학교의 해외지역분야 전문 연구소인 동서문제연구원은 본교가 연구대학으로 발전하기 위해 대학차원에서 집중 육성하고 있는 교책연구원이다. 본 연구원은 1972년 설립된 이래 35년간 해외지역연구 분야에서 풍부한 경험과 성과를 축적해 왔으며, 세계 주요국가 및 지역의 정치, 경제, 사회, 문화 및 역사에 관한 학제적 연구를 통해 교육의 국제화에 기여하고 있다. 지역연구분야에서 선도적인 본 연구원은 1999년에 한국학술진흥재단으로부터 대학부설 중점연구소로 선정된 이래 단계별, 기간별로 지역연구를 심화시킬 수 있었는데, 본 저서는 지난 2년간의 마지막 3단계 기간 연구결과를 묶은 것이다.

동북아의 정치, 경제, 사회 및 문화에 대한 이번 연구에는 동서문제연구원에 소속된 10명의 상임연구원과 연구교수들이 참여하였다. 제1 세부과제인 "동북아 지역공동체 인식 및 제도화의 과제"에 대한 연구는 이제민 교수의 책임하에 정상화, 이유신, 최운도, 김인춘 연구교수가 참여하여 진행시켰다. 제2 세부과제인 "동북아 지역의 교류협력과 전망"에 대한 연구에는 박태규 교수가 연구책임을 맡았고 김우준, 윤태영, 성정희, 최정원 연구교수가 참여하였다.

이번 3단계 연구기간에는 지난 1, 2단계의 동북아 지역연구를 집대성하는 차원에서 지역공동체에 초점을 맞춰 연구를 특화시켰다. 과제 참여자들은 동북아도 오랜 협력과 갈등을 넘어 궁극적으로는 지역공동체를 지향해야 되지 않겠느냐는 인식을 공유했고 연구를 진행시켰다. 본 저서에는 동북아 지역공동체 형성의 쟁점은 무엇이며, 교류협력의 현황은 어떠한지 그리고 아직은 모색 수준이지만 과연 지역공동체가 형성될 수 있는지에 대한 전망도 담겨있다. 이 같은 동북아 지역공동체 형성의 쟁점, 현황 및 전망이라는 총괄주제를 다루기 위한 연구는 모두 8개의 구체적인 연구주제의 분석을 통해 이루어졌음을 밝힌다.

연세대학교 동서문제연구원은 위와 같은 지역연구를 안정적으로 수행할 수 있도록 지난 6년간 아낌없는 지원을 해 준 한국학술진흥재단에 먼저 감사드린다. 앞으로도 역사, 사회 및 문화분야 등을 강화시킨 본 연구원의 연구방향에 변함없는 관심과 지원을 기대해본다. 아울러 본 연구원의 연구결과가 훌륭한 학술저서로 세상에 나올 수 있도록 기꺼이 출판에 응해 주신 백산자료원의 육낙현 사장과 편집과 교정 등의 어려운 작업을 묵묵히 잘 해주신 편집부 김지숙 팀장 외 모든 분들에게 감사의 뜻을 전한다.

2007년 11월

연세대학교 동서문제연구원장 김우상

• 목 차

동북아 지역공동체 인식 및 제도화의 과제

이 제 민 ㅣ연세대학교 경제학과 교수ㅣ

현재 동북아에서의 경제협력은 빠른 속도로 진전되고 있다. 특히 아시아 경제위기 이후에는 지역 경제협력체의 활성화와 역내 무역의 자유화 움직임이 눈에 띄게 증가하고 있다. 이러한 추세는 지역통합이 경제협력의 진행과 방향에 의해 일차적으로 결정된다는 기능주의적 관점에서 본다면 동북아에서의 지역공동체 구축 가능성을 낙관하게 해 주는 조건이다. 제2차 세계대전 이후 유럽의 경험은 이를 부분적으로 뒷받침 해주고 있다.

하지만 유럽의 경험에 비추어 동북아에서의 지역공동체 구축을 낙관할 수만은 없다. 왜냐하면 유럽통합은 2차대전까지의 역사적 경험에 대한 인식을 공유하면서 소득 수준이 비슷하고 민주정치와 시장경제 체제를 택하고 있는 서유럽 핵심국가로부터 출발하여 점차 확대되었기 때문이다. 다시 말해서 유럽통합과정에서 인식의 공유와 제도적 유사성이 필수적 요소였다. 그러나 동북아 국가들 간에는 이러한 인식의 공유와 제도적 유사성이 존재하지 않는다.

우선 이 지역은 일본의 제국주의 침략행위에서 비롯된 과거 역사를 바라보는 인식의 차이가 존재한다. 중국은 과거 일본의 침략에 굴욕을 당했던 경험을 거울삼아 이 지역의 주도권을 확보하고자 한다. 한국에 대해서는 동북아공정을 통해서 향후 있을 수 있는 통일 한국과의 영토분쟁을 미연에 방지하려고 하고 있다. 반면 일본은 중국의 부상을 경계하고 미국과의 동맹을 강화하면서 경제력에 걸맞는 정치력을 가진 '정상국가'로 발돋움하려는 노력을 지속하고 있다. 한국은 중·일 양국의 이러한 움직임을 양국의 패권경쟁의 서곡으로 경계하고 있다.

동북아 국가들 간에는 제도적인 편차도 존재한다. 우선 동북국가들은 경제적으로 상이한 발전단계의 도정을 걷고 있으며, 소득 수준에서 큰 차이를 보이고 있다. 정치적으로도 동북아 국가들은 서로 다른 체제를 운영하고 있다. 특히 동북아의 핵심국가인 중국의 공산당 일당독재체제는 한국 및 일본의 민주주의와는 양립할 수 없는 체제이다.

이러한 상황 인식하에 본 연구는 동북아 지역 각 국가들이 갖고 있는 인식과 제도적인 차원을 분석함으로써 동북아 지역 공동체 형성을 위한 조건을 검토하고, 이 지역의 현안을 사례를 중심으로 평가함으로서 미래 지향적 정책 개발에 일소하고자 했다. "동북아 지역공동체 인식 및 제도화의 과제"라는 주제를 다루는 연구 목적을 달성하기 위해 본 연구는 4개의 보다 구체적인 연구주제를 택하였다. 이 주제는 (1) Between the Desirable and the Feasible: Groping for a Northeast Asia Economic Community (동북아 경제공동체의 개념 모색과 발전 전망: 정치경제적 시각) (정상화), (2) 동북아지역 안보공동체 구상: 러시아의 인식과 전략 (이유신), (3) 동아시아 지역통합: 한국의 역할과 전략 (최운도), (4) 자본주의 다양성과 한국의 새

로운 발전모델: 민주적 코포라티즘의 조건 (김인춘) 등이다.

정상화의 연구는 동북아지역에서의 경제협력체제 구축을 저해하는 요인을 분석하고 이 경제협력체제 구축을 촉진할 수 있는 방안을 제시하고 있다. 현대 국제 경제활동의 특징은 경쟁의 심화와, 이에 대한 대응으로서 국가 및 기업 수준에서의 경제활동 통합이라고 할 수 있다. 대부분 국가와 기업은 경쟁에서 유리한 위치를 확보하기 위하여 경제협정과 인수·합병을 통해 외형을 키우는데 주력하고 있다. 그러나 세계의 주요 지역 중 동북아시아는 공통의 포괄적인 지역협정이 없는 유일한 곳이다. 따라서 동북아시아 국가들은 현재 경제통합의 직접적인 이익뿐 아니라 유럽연합이나 북미자유무역협정과의 협상에서 불리한 위치에 처하여 있다.

동북아시아에서 지역경제협정의 체결이 필요한 이유는, 우선, 경제교역이 활성화되고 있다는 사실 그 자체다. 무역 및 투자에서 국가 간 장벽이 완화된다면 자원 활용의 효율성이 제고되고, 이와 연관하여 산업의 구조조정도 촉진되며 기업의 국제 경쟁력도 높아질 것이다. 현재 동북아시아 3국은 현실적인 필요에서 부품표준화, 투자보장협정, 통화스왑 등 다양한 분야에서 논의를 진행하고 있으며 공동의 규칙을 제도화하려 하고 있다. 이러한 부문별 제도화의 움직임이 일어나고 있는 것은 경제교류가 활성화됨에 따라 공동의 규칙이 마련되지 않은데 따른 거래비용이 증가하고 있다는 것을 인식하고 있기 때문이다. 따라서 경제적인 관점에서는 3국간 경제협정이 논의될 충분한 여건이 마련되었다고 볼 수 있다.

문제는 경제협정으로 경쟁이 격화될 경우 경쟁력이 있는 기업 및 개인은 더 높은 보상을 받을 수 있으나 경쟁력이 없는 경제주체들은 상대적으로 위기에 처할 가능성이 높다는 것이다. 자유주의 신봉자들이 흔히 주장하듯 전반적인 경제성장에 따라 그 효과가 비경쟁적 분야까지 자동적으로 파급되지는 않는다. 확산효과가 나는 데 시간이 너무 걸려서 개별 경제주체의 입장에서 보면 한번 받은 타격을 회복하는 것이 불가능할 수 있다. 따라서 경쟁 탈락자에 대한 각국의 정책적 보호가 필요하며, 3국 간 경제협력의 제도적 형태도 우선 느슨한 FTA를 취하는 것이 현실적이다. 그러나 추구하는 방향에 대한 소모적인 논쟁을 종식하고 경제주체들이 FTA를 준비할 여유를 제공하기 위해서 제도적 협력의 분야별 목표와 시간별 계획을 명시한 구속력 있는 합의안을 마련할 필요가 있다. 또한 서로 합의를 이룬 사안에 대하여는 되도록 조속히 경제적 통합을 집행하는 조기수확제도(early harvest plan)를 실시할 필요가 있다.

현재 동북아시아에서 지역경제협정의 체결에 장애가 되는 있는 것은 경제적 요인이 아니라 비경제적 요인이라고 생각된다. 지역경제협정은 경제적 문제를 정치적으로 해결하고자 하는 기본적으로 정치적 과정이므로, 경제교류의 확산에 따라 자동적으로 탄생되는 것이 아니라 정치적, 사회적 노력과 수렴과정을 필요로 한다. 그런 점에서 중국의 일당독재 정치제도가 가장 근본적인 걸림돌이라고 할 수 있지만, 그런 근본적이고 장기적인 문제를 떠나 당장 동북아시아 FTA의 출범에 방해가 되는 직접적인 비경제적 요인은 크게 두 가지다. 하나는 일본과 중국의 군사전략이 충돌하고 있다는 점이다. 일본은 미국과의 군사적 동맹관계를 심화하고 있으며, 그 가상적국이 중국인 것은 자명하다. 이에 대항하기 위해 중국은 적어도 부분적으로는 러시아와의 군사적 유대관계를 강화하고 있다. 이런 구도 하에서 한국과 일본으로서는 미국에 앞서 중국과 FTA를 체결하는 데 정치적 부담이 없을 수 없다.

다른 요인은 민족주의의 부상이다. 한국, 일본 및 중국의 현 정부들은 그 정도는 다르지만 모두 민족주의적 성향이 강한 정책을 펼

치고 있다. 동북아에서 민족주의의 파고가 위험한 수준에 도달하였다고 말할 수는 없지만, 최근 한·중·일의 감정 대립은 서로 연쇄작용을 일으키면서 증폭되는 양상을 보이고 있다. 정치인들에게 있어 민족주의에의 호소는 비용 부담이 거의 없이 인기를 얻을 수 있는 효과적인 방법이다. 그러나 역사가 말해주듯 민족주의가 지나쳐 국수주의로 발전하면 누구에게도 도움이 되지 않는다. 근래 남중국해와 동해에서 영토분쟁이 부각되고 있는 것은 민족주의의 원인이라기보다 민족주의 부상의 증후군으로 해석하는 것이 타당하다. 일본의 역사 해석이 한국 및 중국과 계속 마찰을 빚는 한 동북아시아 FTA의 체결은 요원할 수밖에 없다. 더욱이 정치인들에게 있어 지역경제협정의 체결은 정치적으로 부담이 많다. 비록 장기적으로는 모두에게 도움이 된다고 하더라도 경제적 외연의 확장에 따른 경쟁에서 생존할 자신이 없는 국내 집단들이 거세게 저항하기 때문이다.

민주주의, 교육 및 정보의 확산은 양날의 칼과 같다. 국가간 관계의 긍정적인 발전에 도움이 될 수도 있지만, 중우정치, 국수주의적 교육 및 선동적인 정보의 확산은 대립과 불화를 키울 수도 있다. 동북아에서 최근 부상하고 있는 민족주의적 성향은 가뜩이나 빈약한 지역경제협정의 정책 자본을 잠식하고 있다. 동북아 국가들이 공동의 번영을 원한다면 역사적 인식의 차이를 좁히고 우선 가능한 부문에서부터 협력관계를 제도화하여야 한다.

이유신의 연구는 동북아 안보공동체 구상에 대한 러시아의 인식과 전략을 분석하고 있다. 이를 위해 이 안보공동체 구축에 지대한 영향을 미칠 수 있는 러시아와 중국의 관계를 짚어보고 있는데 그 이유는 다음과 같다. 우선 가까운 미래에 동북아에서 안보공동체 구축을 기대하는 것은 무리인 듯 해 보인다. 안보전문가 존 두프필드(John Duffield)가 지적하듯이, 아시아 지역을 대표하는 다자간 안보협력체제는 아세안 지역포럼 (ASEAN Regional Forum)이 유일하다. 하지만 이 포럼은 현재까지도 최소한으로 제도화된 다자간 협력체제에 불과하다. 두프필드에 위하면 아세안 지역포럼은 유럽의 북대서양 조약기구 (North Atlantic Treaty Organization)와 달리 결정적인 행동보다는 대화나 비공식적인 합의를 강조하는데 그치고 있다. 이러한 상황속에서 소련 붕괴 이후 급격한 속도의 국력쇠퇴로 인해 동북아 지역에서 주도적인 역할을 할 수 없게 된 러시아는 동북아 지역 안보공동체에 대해 원론적인 선언을 하고 있을 뿐이다. 따라서 동북아 안보공동체에 대한 러시아의 인식과 전략을 유추하기 위한 방법으로 이 글은 러시아와 중국의 관계를 짚어보고 있다.

소연방 붕괴 이후 러시아와 중국의 관계는 표면적으로 동맹국 수준으로 발전했다. 이를 가장 잘 보여주는 것이 바로 2001년 7월 양국이 맺은 친선 · 우호 · 협력 조약(Treaty of Good-Neighborliness, Friendship and Cooperation)이다. 조약 체결 당시 양국은 이 조약이 유사시 상호방위의무와 같은 조항을 포함하지 않기 때문에 동맹을 의미하지 않는다고 강조했지만, 조약의 내용을 들여다보면 동맹으로 간주해도 무리가 없다. 실제로 러시아 관리들은 여러 번 자국과 중국의 국가이익은 100퍼센트 일치한다고 공언해 왔다.

그러나 양국의 동맹 관계는 말과 행동 간에 간극이 나타나는 경우가 많았다. 일례로 러시아는 현재까지 여러 번 자국의 최신예 무기시스템 기술에 대한 중국의 접근을 제한해 왔다. 이외에도, 러시아의 동시베리아 송유관 정책은 러시아와 중국의 관계를 동맹국으로 규정하기에는 어려움이 있음을 시사하고 있다. 이 송유관 정책의 핵심은 시베리아 석유자원을 둘러 싼 중국과 일본의 경쟁으로 중국은 러시아 당국이 동시베리아에서 중국의 다칭 (Daqing)이라는 도시로 향하는 송유관을 건설해 주기를 바랬고, 일본은 러시아 당국이

동시베리아에서 태평양에 위치한 나호트카 (Nakhodka)항으로 향하는 송유관을 건설해 주기를 원했다. 2003년 당시 여러 전문가들은 이 송유관 경쟁이 중국에 유리하게 전개될 것이라고 예측했는데 그 이유는 무엇보다도 러·일 관계에 비해 러·중 관계가 밀접했기 때문이다. 하지만 이러한 예측에도 불구하고 현재 러시아의 송유관 정책은 일본에게 유리하게 전개되고 있다.

위 러·중 관계 논의에서 유추할 수 있는 동북아 안보공동체에 대한 러시아의 인식과 전략은 다음과 같다. 소련 붕괴 이후 급격한 국력의 쇠퇴를 경험한 러시아는 현재 동북아에서의 안보협력체제 구축에 있어 주도적인 역할을 할 수 없다. 이러한 상황속에서 러시아가 택한 전략은 중국과의 동맹을 통해 이러한 약점을 보안하려 하고 있는 듯해 보인다. 바로 이 요인이 냉전 이후 러시아와 중국의 관계발전에 가장 중요한 역할을 했다. 1994년 "건설적인 동반자" 관계를 맺은 양국의 관계는 2년 후 "전략적인 동반자" 관계를 체결하며 급속도의 관계정상화를 이루었다. 양국간의 관계는 여기에서 머무르지 않고 앞에서 언급했듯이 2001년에 와서 친선·우호·협력조약을 체결했다. 러시아는 이러한 중국과의 협력을 통해 동북아에서의 미국의 독주를 견제하려는 시도를 해왔다. 이를 가장 잘 증명해 보여 주는 것이 바로 상하이 협력기구에서의 러시아와 중국의 협력이다. 이 기구내에서 러시아와 중국의 협력은 동북아에서 미국의 독주를 견제하는 선언문의 형태로 나타나고 있다.

하지만 러시아의 이러한 전략은 그리 여의치 않아 보이는데 그 이유는 바로 중국 또한 러시아의 위협 요인으로 인식되기 시작했기 때문이다. 러시아가 소련 붕괴 이후의 국력쇠퇴로 인해 동북아에서 영향력을 상실한 데 반해, 중국은 매년 10퍼센트에 가까운 경제성장을 일구어내며 동북아에서의 영향력을 확대해 나가고 있다. 이러한 상황속에서 러시아는 중국을 위협요인으로 인식하기 시작했다. 러시아가 중국에 느끼는 위협은 여기에 그치지 않는다. 그 대표적인 예가 극동지역에서 러시아가 느끼는 "황색 위협" (Yellow Peril)이다. 이 지역은 러시아 지방 중 경제적으로 가장 낙후된 지역으로 인구밀도가 감소하고 있다. 바로 여기에 러시아가 느끼는 황색위협이 존재하고 있다. 우선, 러·중 국경 지역의 인구분포에 있어 러시아 국경지역에서의 인구가 7백만인데 반해, 중국 국경지역에서의 인구는 1억에 이르고 있다. 이러한 상황은 향후 러시아 동시베리아와 극동지역에서의 감소하는 러시아인의 수가 중국인에 의해 채워질 것이라는 우려를 야기하고 있다. 실제로 많은 러시아인들이 극동지방이 중국 영토화 되는 것에 대해 우려를 표명했다. 2000년 7월 극동지방을 방문한 푸틴 대통령은 "특정조처가 강구되지 않는 경우, 러시아 극동지방은 수년 내 중국 등 아시아인들로 가득 찰 것"이라고 지적했다. 이러한 "중국위협"요인에 대한 인식은 러시아가 동북아에서 미국의 독주를 견제하기 위한 수단으로 채택한 중국과의 협력이 지속될 수 없음을 의미한다.

최운도의 연구는 동아시아에서의 지역통합을 둘러싼 역내의 노력과 그 성공에 결정적인 열쇠를 가진 일본과 중국의 협력과 갈등을 분석하고, 이 두 강대국들 사이에서의 한국의 역할을 모색하고 있다. 지난 수년간 동아시아 지역에서 진행되고 있는 지역주의 논의에 변화가 생겨났음을 볼 수 있다. 첫째, ASEAN 중심의 지역주의 논의가 ASEAN을 둘러싼 일본과 중국 사이의 경쟁관계에 대한 논의로 전환되었다. 둘째, 금융보다는 무역 분야의 경제협력으로 전환되었다. 셋째, 동아시아 지역주의의 개방성과 폐쇄성에 대한 논의가 본격화 되었다. 그 결과, 다양한 행위자들 사이의 기능주의적 경험에 바탕으로 성장해야 할 지역주의가 강력한 국가권력이 주도하는 국가주의적 지역주의로 발전해 가고 있다. 이는 위로부터의 개혁에 의해 경제발전이 주도된 이 지역 국가들의 경험과 일치한다.

유럽의 경험대로라면 자유무역협정의 확산에 따른 지역통합의 필요성에 대한 인식은 문화공동체로서의 정체성을 바탕으로 안보공동체로 발전해 나가는 것이 순서일 것이다. 그러나 동아시아의 경제통합은 오히려 이 지역에 결여되어 있는 경제적 공동체 의식을 만들어 나가는 틀로 작용하여 그를 통해 문화적 공동체 의식을 생성해 나가야 하는 역할을 맡고 있는 셈이다. 거기다 경제통합의 기반이 비국가행위자들의 이익에 기초하기 보다는 국가의 정책에 기초하고 있는 만큼, 안보분야에서의 국가 간 경쟁과 갈등은 경제통합의 형태마저 지배할 가능성이 높다. 최근 진행되고 있는 지역주의 경쟁 양상은 냉전시대의 진영 정치와 비슷한 모습을 보여주기까지 하고 있다.

이러한 경향은 일본과 중국의 자유무역협정을 둘러싼 경쟁에서 잘 나타나고 있다. 중국은 2001년 중국-아세안의 FTA를 제안하였고 2002년에는 "포괄적 경제협력에 관한 협정"을 체결하고 오는 2010년까지 아세안과 FTA를 체결하기로 합의했다 (베트남 등 4개국은 2015년까지). 베트남과 라오스에 대해서는 누적 채무를 감면해 주었다. 특히 일본이 양허를 꺼려하는 농산물 분야에서는 2006년까지 우선적으로 관세를 폐지하는 Early Harvest 정책을 채택하기도 하였다. 중국은 이들 아세안 10개국과 이른바 '차프타'(CAFTA :China-ASEAN Free Trade Agreement)를 건설하여 북미자유무역지대(NAFTA)와 EU에 이은 세계 3대 경제권을 구축하겠다는 구상이다. 이는 곧 아세안을 선점, 아시아 시장의 주도권을 행사하겠다는 것을 의미한다. 중국은 한발 나아가 호주와 뉴질랜드 등 오세아니아도 FTA로 묶는다는 전략을 추구하고 있다.

이에 맞서 일본은 2002년 11월 일-아세안 포괄적 경제동반자관계를 선언하고 2003년 12월에는 '일본-ASEAN 우호 및 협력조약'에 서명하였다. 여기서 일본이 구상하는 경제동반자 관계란 'Economic Partnership Agreement (동아시아 경제연대협정)'이라는 개념으로 물류를 중심으로 하는 FTA와 비교하여 투자와 서비스, 지적 재산권, 인적 자원 이동의 자유화까지 포함하는 포괄적인 경제협정이라 할 수 있다. 이 협약에 따라 일본은 태국, 말레시아, 필리핀 3개국과는 2004년부터 협상을 시작하였으며, 아세안 국가 전체와는 2012년까지 협상을 마무리 짓는다는 계획이다. 또한 대상 국가는 한국, 중국, 인도, 호주, 뉴질랜드, 아세안 등 16개국이다. 이 계획이 실현된다면 개방적인 다자주의 뿐 아니라 느슨한 형태의 경제공동체가 형성되는 것이다.

동아시아 공동체 문제는 중국과 일본만의 경쟁뿐 아니라 역내 다른 국가들 사이의 경쟁 속에 전개되고 있다. 그 좋은 예가 2005년 12월에 있었던 제1회 동아시아 정상회담(EAS, East Asia Summit)의 진행에서 나타나고 있다. 원래 동아시아 정상회담이란 ASEAN+3의 발전된 형태로서 한국이 주도한 보고서에서 중장기적 목표로서 제시되었던 것이다. 그런데, 중국과 말레이시아가 2004년 갑자기 EAS의 조기실현을 촉구하기 시작하면서 극적인 타결이 이루어져 2005년에 1회 회담이 성사된 것이었다. 중국은 미국이 배제된 상태에서 ASEAN+3를 지역안보통합 문제를 다루기 위한 조직으로 활용할 의도가 있었으며, 말레이시아도 미국 배제와 동시에 ASEAN 국가들 사이의 주도권을 잡겠다는 의도가 있었다. 그렇기 때문에 미국이 일본, 싱가포르와 함께 전통적 동맹국인 호주, 뉴질랜드와 인도를 참가시키도록 하여 중국을 견제하도록 한 것이다. 그리하여 EAS는 애초의 의도와는 다른 포괄적인 협의체로 변질되게 되었으며 러시아와 EU의 참가마저 거론되기에 이르렀다.

경제 분야에서의 공동체 구성에는 일단 ASEAN이 주도권을 잡게 되었으나, 이들 사이의 상호견제와 중국과 일본의 경쟁, 그리고 안보분야에서의 ASEAN의 지도력의 부재 등으로 인해 ASEAN+3의 지속적인 발전을 보장하기 어렵게 되었다. 거기다 일본은 미국을 포함하는 개방형 지역주의를 선호한다는 점 때문에 ASEAN+3 내에서 ASEAN국가들의 지지를 얻는 데 있어서 중국에 밀리고 있는 상황에 놓이게 되었다. 그리하여 기존의 ASEAN+3에 대한 기대는 상당부분 붕괴된 상황이며, 개별적으로 FTA와 EPA를 진행해 나가고 있는 상황이다.

이러한 상황 속에서 한국이 취해야 할 전략은 무엇인가? 첫째, 기존의 미국을 배제한 동아시아 지역주의는 한계를 드러내고 있음을 인정할 필요가 있다. 이는 앞으로 중국이 보다 적극적인 목소리를 낼수록 더 분명해질 것이다. 그러하다면 한국이 지역주의 발전에 기여하고 영향력을 키워나가기 위해서는 보다 실질적인 방안을 제시할 필요가 있다. 한·미FTA는 바로 그 돌파구를 여는 역할을 할 수도 있을 것이다.

동아시아 지역공동체는 안보질서를 바탕으로 했을 때 성공할 가능성이 높다. 그런 점에서 통합이 진행될수록 미국의 참가가 필요해진다고 할 수 있다. 그러나 미국의 참가를 일본이 촉구하게 된다면 중국과 ASEAN으로부터 심각한 반대에 놓이게 될 것이 틀림없다. 반면 미국과 FTA를 체결한 한국의 주도로 미국을 참가시키게 될 경우 중국과 ASEAN 국가들의 거부반응을 감소시킬 수 있을 것이다. 중국은 위와 같은 지역주의의 현실을 고려한다면 ASEAN+3를 지속시키고 발전시킬 수 있는 방안은 미국의 가입 밖에 없음을 인정하게 될 것이다. 미국이 참가한 다자주의 기구의 경험이 역내국가들 사이에 경쟁보다는 보다 협조적인 관계를 경험하게 하는 계기가 될 수도 있다. 한국으로서는 그러한 역학을 통해 안보 이익 이외에도 새로운 맥락에서 동아시아 지역공동체 발전에 주도적 역할을 할 수 있을 것이다.

김인춘의 연구는 동아시아 공동체를 위한 조건을 검토하기 위해서는 동북아 지역 각 국가들의 제도적 성격을 분석하는 것이 중요하다는 인식하에 한국의 새로운 사회경제모델을 모색하고 있다. 사회경제모델은 한 국가의 성격을 규정하는데 결정적 요소이며, 한국의 경우 1997년 경제위기, 개혁적 정부의 연속집권, 남북관계의 변화 등으로 새로운 사회경제모델의 모색이 특히 중요한 과제가 되고 있다. 즉 부분적이고 미시적인 제도 개혁을 넘어 새로운 종합적 사회경제모델 구축이 요구되고 있는 것이다. 그 방향과 내용은 성장 및 분배방식을 둘러싼 국가-사회세력-해외자본 간의 관계, 그리고 그에 대한 국가의 대응전략 등의 문제를 제기하고 있다.

이런 관점에서 한국이 참조할 수 있는 사회경제모델은 크게 보아 영미모델과 유럽모델로 나눌 수 있을 것이다. 시장경제를 바탕으로 하지만 복지를 강조하는 유럽모델과 성장 중심의 신자유주의 모델인 영미모델이 그것이다. 유럽모델과 영미 모델 모두 나름의 장단점이 있기 때문에 어떤 사회모델을 선택할 것인지는 정치적 합의 과정을 거쳐 결정될 수밖에 없을 것이다. 그러나 어느 것이 되건 한국의 새로운 사회경제모델은 성장과 분배의 동시적 추구, 경제 및 사회의 민주화, 사회적 평등과 환경친화적인 발전 등의 가치를 구현하는 시스템이 되어야 한다. 한국이 아시아적 정체성에 기반하면서 이러한 가치를 구현하는 시스템을 구축하게 되면 다른 동아시아국가에도 영향을 미쳐 동아시아모델의 쇄신 또는 재편을 가져올 수도 있을 것이다.

이런 점에서 장래 한국의 사회경제모델로 심각하게 고려해 보아야 할 것이 사회 코포라티즘(social corporatism)이다. 사회 코포라티즘이 한국에 적용가능한지에 대해서는 논란이 많지만, 코포라티즘이 기본적으로 이익조정체계이고 한국사회가 첨예한 이익 갈등을 겪고 있다는 것을 감안할 때 이러한 제도의 필요성에 대해서는 일단 공감할 수 있을 것이다. 과거 한국의 발전국가모델은 계급배제적인 자본주의 발전 및 자본의 이익조정체제라는 성격을 가지고 있었다. 이러한 모델이 1980년대 후반부터 유인과 참여에 의한 합의체제로 전환되었고, 권위주의 체제로부터 민주주의 체제로의 이행이 이루어지게 되었다. 1997년의 경제위기 처리과정은 정치적 민주화의 가속화에도 불구하고 계층간 분배를 둘러싼 갈등을 심화시켰다. 이런 상황하에서 네덜란드, 덴마크, 스위스, 스웨덴, 핀란드 등 유럽의 '강소국'에서와 같이 경제성장과 사회복지를 민주적 코포라티즘 방식으로 실현해 내는 것은 매력적인 선택이 될 수 있다. '강소국' 발전전략은 세계경제에 적극 참여하면서 정부개입 아래 조정된 시장경제를 바탕으로 노사합의에 의해 성장과 분배를 조화시키는 전략이다.

사회 코포라티즘에 기반한 한국의 새로운 사회경제모델은 다음과 같은 특징과 과제를 갖는다.

첫째, 국가 역할의 재정립이다. 한국의 국가는 그동안 수출의 확대, 사회간접자본의 건설, 성장동력의 형성 등에는 성공적이었다. 앞으로는 계층갈등의 조정, 복지제도의 선진화, 환경친화적 발전 등에 보다 중요한 역할을 해야 할 것이다.

둘째, 노사협력이다. 노사협력은 계급간 타협을 주내용으로 하는 강소국 모델의 핵심이다. 특히 많은 강소국들에서 사용자의 자세와 정부의 의지가 초기의 노사협력 구축에 중요한 역할을 한 점은 한국에게 시사하는 바가 크다 할 것이다.

셋째, 이익조정체제의 제도화이다. 한국은 사회집단 또는 이익집단의 분절적, 배타적 성격으로 인해 초기에는 네덜란드와 같은 공식적(formal) 사회 코포라티즘제도를 구축하는 것이 중요하다. 역사적으로 사회의 통합과 노사의 자율성을 발전시켜온 스웨덴은 비공식적(informal) 사회 코포라티즘제도가 잘 작동하였지만, 이는 현재의 시점에서 한국에게는 쉽지 않은 제도이다. 또한 현재 한국에서 수많은 사회집단의 참여 욕구를 감안할 때, 비록 장기적으로 스웨덴 모델이 더 경쟁력이 있다하더라도, 노사간 자율적 협력으로 사회 코포라티즘을 제도화시킨 스웨덴사례보다 종교세력 등 다양한 정치세력을 포함하여 사회 코포라티즘을 발전시킨 네덜란드의 이익조정사례가 우리에게 더 적합하다 할 것이다.

넷째는 새로운 성장전략의 구축이다. 서유럽의 복지국가 경험이 보여주듯이 복지국가는 경제성장의 토대위에서만 가능하다. 경제성장 없이는 고용과 사회보장을 달성할 수 없기 때문이다. 세계화시대, 고령화사회에 맞는 고부가가치의 성장전략이 필요한 것이다.

동북아 경제공동체의 개념 모색과 발전 전망: 정치경제적 시각

정 상 화 | 연세대학교 경제학부 BK21 연구교수 |

Ⅰ. 들어가며

탈냉전시대 국제경제 교류 및 협력의 대표적인 거버넌스는 세계무역기구(World Trade Organization, WTO)의 다자주의 체제와 여러 형태의 관계국가 간 자유무역협정(Free Trade Agreement, FTA)이다. 1980년대 중반 이후 미국의 대외 경제협력 정책은 중립적인 과정과 규칙을 강조하는 GATT(General Agreement on Tariffs and Trade)의 다자주의(multilateralism)에서 결과를 중시하는 쌍무주의(minilateralism)로 바뀌었다. 유럽이 GATT 라운드에서 미온적인 태도를 보이고 특히 1986년 유럽단일시장법(Single Market Act)을 제정하자 미국도 관리 가능한 국제경제 거버넌스를 추구하였으며 미-캐나다 무역협정은 이를 배경으로 출범하였다. 다자주의 협상의 더딘 진전이 이해당사자 간 자유무역협정을 촉진한 면이 있지만, 자유무역협정이 활발히 진행될 경우 궁극적으로 국제경제 교류를 더 자유롭게 한다는 점에서 두 제도가 반드시 서로 모순된다고는 할 수 없다.

현 단계에서 한국, 중국, 일본 등 동북아시아 국가들이 지역 경제 공동체를 추진하여야 하는 이유는 크게 두 가지로 요약할 수 있다. 첫째는 시간의 기회비용이다. FTA 회원국의 지위를 확보하지 못한 국가는 회원국에 비하여 교역에 있어 차별 대우를 받을 수밖에 없다. 최근 동북아 국가들도 FTA의 필요성을 느끼고 있으나 이들은 다른 주요 경쟁국들에 비하여 자유무역협정의 행보에서 뒤쳐져 있다.[1] 다음으로 국제경제 협상에서의 협상력의 문제이다. 세계 무역 및 금융 교류는 생산력의 성장보다 빠른 속도로 활성화되고 있다. 이러한 국제경제 교류의 활성화는 거래비용을 줄이기 위해 기술, 생산, 교환 그리고 이에 필요한 법과 제도의 국제표준을 요구하고 있다. 국제표준으로 선정된다는 것은 선점의 경제적 효과를 향유한다는 것을 의미한다.[2] 동북아 국가들이 국제표준의 선정에서 유리한

---

1) 한국은 2004년 초 칠레와 FTA를 체결하였으며 2004년 9월 현재 싱가폴, 멕시코 등과 FTA를 논의하고 있다. 일본은 2002년 싱가포르와 FTA를 체결하였고, 현재 말레이시아, 태국, 필리핀, 멕시코 등과 FTA체결을 논의하고 있다. 중국은 동남아시아국가연합(Association of Southeast Asia Nations, ASEAN)과의 FTA체결에 동의한 바 있으며, 주변 이웃 국가들과 FTA를 체결하고자 노력하고 있다.

2) 실제 현실적인 필요에 의하여 한중일의 협력은 진행이 되고 있다. 예를 들어, 또한, 한국표준협회는 중국 국가질량감독검험검역총국 산하 중국표준화협회와 산업제품의 표준화를 위하여 상호협력하기로 2002년 8월 27일 양해각서(MOU)를 체결하고, 매년 1회의 정례회의를 개최하기로 하였으며 향후 동북아지역의 표준화를 위한 협력단체로 확대할 것에 합의하였다. 이로서 한중 산업교역의 주요한 기초가 성립된 셈이며, 일본이 참가할 경우 국제화표준을 둘러싼 국제협상에서 동아시아의 입지가 강화될 수 있을 것이다. 2004년 3월에는 한중일이 서울에서 동영상 송신이 가능한 4세대 휴대전화를 공동개발하기로 합의하였다. 이 경우 전 세계 휴대전화 이용자의 30%가 동일한 통신(전송) 방식을 채택하게 되어 세계표준으로 확산될 가능성이 높다. 4월에는 중국 베이징에서 한중일 정보통신 당국이 리눅스를 기반으로 하는 독자적인 소프트운영체계(OS)를 구축하기로 합의하였다. 이

위치를 차지하기 위해서는 지역표준을 정하여 이를 국제경제 협상에서 주창할 필요가 있다.

한국, 중국 그리고 일본은 지역 FTA의 체결에 관심을 보여 왔지만 본격적인 3자 간 논의는 아직 진행되지 않고 있다. 다만 한일 양국 간 FTA는 2004년 9월 현재 4차까지 진행되었고 한·중·일 간 투자협정은 2차까지 진행되었다. 동북아 FTA의 체결은 중복투자로 인한 과잉 생산을 줄이고 국가 간 분업화를 통하여 투자의 효율성을 높일 것이다. 또한, 외부 요인에 인한 경제적 충격을 완화[3]하고 국제사회에서 지역의 위상을 높이며 지역의 정치군사적 긴장을 완화하는 효과[4]를 가질 수 있다.

경제교류의 확대와 협력을 위한 조율은 최근 점차 활발해지고 있다. 2000년 10월 주룽지 중국총리는 방한 당시 김대중 대통령과 양국 투자확대를 위한 투자협의체 구성에 합의했으며, 이에 따라 한국의 산업자원부 장관과 중국의 대외무역경제합작부 부장이 공동위원장이 되는 한중투자협력위원회의 제1차 회의가 2002년 5월 한국에서 개최되었다. 또한, 한국은 일본과 2001년 7월 20억 달러 규모의 통화스와프 협정을 체결했으며, 중국과는 2002년 6월 20억 달러 규모의 통화스와프 협정을 체결하였다.[5] 한국, 중국 및 일본은

는 미국 Microsoft 윈도우의 독점력을 약화시키기 위한 정책이다.

3) 동북아에서 상호 경제협력의 필요성은 방어적 목적에서 유래하였다. 1990년대 후반의 동아시아 금융과 경제의 위기는 동아시아 국가들로 하여금 거시경제적 성과와 상관없이 외환유동성 부족만으로 국가경제가 타격을 받을 수 있다는 것을 실감하게 하였다. 이에 대한 대비책으로 한국과 일본은 2001년 9월 전체 20억 달러 규모의 통화교환 협정을 체결하였고, 한국과 중국은 2002년 같은 액수에 대한 유사한 협정을 체결하였다.

4) 동북아시아의 독특한 지역적 특징의 하나가 한반도의 냉전 상황인데, 동북아시아 경제공동체가 출범한다면 중국을 후원자를 둔 북한의 돌발적인 모험 행위를 통제하는 효과도 거둘 수 있다.

5) 그러나, 이러한 경제협력은 1990년대 말의 외환위기의 경험을 바탕으로 한 방어적 성격의 것으로, 이는 한국이 경제공동체의 논의에서 이차적인 중요

ASEAN 10개국이 회의를 할 때 ASEAN+3이라는 형태로 개별 자격으로 참석하여 정상이나 장관들이 별도 모임을 갖는다. 2003년 10월 인도네시아 발리에서 개최된 ASEAN+3 회의에서는 한중일 3국 정상이 '한·중·일 협력 증진에 관한 공동선언'을 채택하고 이를 추진키로 합의하였다. '한·중·일 3국간 투자협정의 가능한 modality에 관한 비공식 공동연구'를 위한 회의는 일본 동경과 한국 서울에서 두 차례 개최된 바 있다.

본 연구는, 위와 같은 역내 및 역외의 경제상황을 고려하여, 현재 (i) 국내외에서 활발히 논의가 진행되고 있는 동북아시아 경제공동체의 제 성격을 분석하고, (ii) 지역경제의 이익을 위한 가장 바람직한 경제공동체의 구성을 제시하며, (iii) 그 현실성을 진단하고자 한다.

Ⅱ. 경제공동체의 개념과 실례

자유무역협정(FTA)은 지역무역협정에서 가장 낮은 수준의 경제통합으로 체결국간에 관세를 철폐하되 역외국에 대해서는 각기 다른 관세율을 적용하게 된다. 대표적으로 NAFTA(North America Free Trade Agreement)의 예를 들면, NAFTA의 회원국인 미국, 캐나다, 멕시코 간의 무역에는 무관세가 적용되지만 세 국가가 비회원국과 무역을 할 경우 각기 다른 관세율을 적용한다. 1994년 1월부터

성을 지니는 태국과 이미 10억 달러 규모의 통화스왑협정을 체결하고 필리핀 및 말레이시아와는 협의 중인 사실에서도 나타난다. 당시의 경험은 또한 금융시장의 안정을 위한 아시아채권시장의 발전 노력에서도 엿볼 수 있다. 2003년 8월 필리핀에서 열린 한국, 일본, 중국과 동남아국가연합(ASEAN) 10개국 재무장관 회의는 가까운 시일에 매년 약 10만 달러 규모의 기금을 조성하여 역내 금융협력을 강화하고 아시아채권시장을 발전시키기로 결정한 바 있다.

발효되기 시작한 NAFTA는 캐나다의 농산물과 멕시코의 석유를 제외한 모든 품목의 관세를 철폐하였으며 수입면허와 같은 비관세무역장벽도 철폐 하였다. NAFTA는 미국의 자본과 기술, 캐나다의 자본과 자원, 멕시코의 노동력과 자원 등이 결합한 경제블록으로 협정의 주요내용은 역내 비관세장벽을 철폐하고 강력한 원산지 규정을 도입하여 역외국 상품의 교역에 불이익을 주는 보호무역주의의 성격을 지니고 있다.

한편, 동남아시아국가연합은 1967년 8월에 지역 협력과 발전을 목적으로 하고 태국, 말레이시아, 필리핀, 인도네시아, 싱가포르의 5개국을 회원국으로 출범하였으며, 부르나이(Brunei Darussalam)는 1984년, 베트남은 1995년, 라오스와 미얀마는 1997년, 그리고 캄보디아는 1999년 가입하였다. 아세안의 주요기구는 정상회의, 외무장관회의(AMM), 경제장관회의(AEM), 상임위원회(ASC), 아세안사무국 등으로 의장국은 회원국간 영문 알파벳 순으로 1년씩 수임한다. 아세안은 2002년 아세안정상회의 때 추진 중인 자유무역지대(AFTA, ASEAN Free Trade Area)를 기반으로 2020년까지 아세안 경제공동체(ASEAN Economic Community)를 출범하기로 합의한 바 있다.

FTA가 발전한 경우가 관세동맹(customs union)이다. 회원국이 역외의 국가들과 국가간 경제교류를 행할 경우 독자적인 협약체결권을 갖는 FTA와 달리, 관세동맹 회원국들은 역외국들에게 공동으로 대처한다. 회원국간에 관세철폐는 물론 역외국에 대해 공동 관세율을 적용하는 것을 관세동맹이라고 한다. 경제발전의 수준 및 경제 여건이 비슷하고 지역적으로 인접한 국가들이 체결할 수밖에 없는데, 과거 베네룩스 관세동맹이 그 대표적인 예이다.

현존하는 관세동맹의 예로는 남미공동시장(Mercosur)이 있다. 이는 남아메리카지역의 자유무역과 관세동맹을 목표로 결성된 경제공동체로, 1980년대 브라질과 아르헨티나 두 나라의 경제협력 프로그램을 출발로 1991년 인접국 우루과이와 파라과이가 참여하여 1995년 1월 1일 정식 발효되었다. 회원국은 아르헨티나·브라질·파라과이·우루과이 4개국이며 칠레와 볼리비아가 자유무역지역 수준에서 준회원국으로 참가하고 있다. 대외 공동 관세제도를 채택하여 관세동맹의 형태를 띠고 있으나 일정기간 예외품목 규정을 두고 있어 자유무역지역과 관세동맹의 중간단계로 볼 수 있다.

이러한 단계가 심화된 것이 역내 생산요소의 자유로운 이동을 보장하는 공동시장(common Market)이다. 유럽공동체(EC, European Community) 출범 이전의 유럽경제공동체(EEC, European Economic Community)가 예가 된다.

소극적 경제교류의 장벽의 제거를 넘어 공동 경제정책을 수행하는 등 적극적 경제협력의 증진을 목표로 하는 경우의 경제동맹은 경제공동체 혹은 단일시장(single market)라고 할 수 있으며, 단일통화, 회원국의 공동의회 설치와 같은 정치, 경제적 통합을 달성하는 완전경제통합 수준을 의미한다. 대표적인 예는 1957년 유럽경제공동체가 출범한 이후 단일 유럽법과 마스트리히트조약에 의한 유럽연합(EU, European Union)이 예이다.[6] EU 회원국들은 1993년 Maastricht Treaty(유럽연합조약, Treaty on European Union)를 맺어 경제통화통합 및 정치통합을 추진하기 위한 유럽의 정치·경제 공동체를 출범하였다. 유럽의회(European Parliament)는 입법부, 집행위원회(European Commission)는 행정부, 사법재판소(The European Court of Justice)는 사법부 역할, 그리고 여기에 회원국간 문제를 해결하기 위해 각국 장관들의 회의체인 각료이사회(Council of European Union)가 있다. 우리나라의 감사원같은 옴부즈맨(European Ombudsman)도 있고, 회원

6) 정인교(2001, 18-20) 참조.

국 중앙은행의 협의체인 유럽연합중앙은행(European Central Bank)도 있다. 회원국은 프랑스, 독일, 이탈리아, 벨기에, 네덜란드, 룩셈부르크, 영국, 아일랜드, 덴마크, 그리스, 스페인, 포르투갈, 핀란드, 오스트리아, 스웨덴 등 15개국에서, 2004년 4월 폴란드, 헝가리, 슬로바키아, 체코, 에스토니아, 리투아니아, 라트비아, 슬로베니아, 키프로스, 몰타 등 10개국으로 확장되었다.

최근의 자유무역협정은 단지 무역뿐 아니라 서비스, 투자, 지적재산권, 정부조달, 경쟁정책 등 다양한 경제 분야의 관세 및 비관세장벽의 제거를 목표로 한다. 최근의 거의 모든 국가간 FTA는 이 경우에 해당된다. 과거 FTA는 지역적으로 인접한 국가들이 체결하였으나, 최근 들어 FTA는 지역적인 위치에 구애받지 않고 체결되는 추세이다. 따라서 지역무역협정이라는 용어가 재정립될 필요가 있으나 현재 관습적으로 계속 사용되고 있다.

Ⅲ. 동북아 경제협력의 현황과 문제

본 장에서는 동북아시아 3국간의 경제협력에서 문제가 되는 것이 무엇인 지를 먼저 파악한 후 이를 바탕으로 어떠한 형태의 경제공동체가 바람직한 것인 가를 진단하고자 한다. 그리고 끝으로 동북아시아 경제공동체의 출범을 위하여 어떠한 정책을 취할 필요가 있는가를 모색하고자 한다.

현재, 동북아시아 3국 중 중국이 가장 활발하게 각 국들과 FTA를 체결하고 있으며, 한국이 가장 FTA의 체결에서 뒤떨어져 있다. 중국은 ASEAN과 2001년 10월 앞으로 10년 안에 FTA체제 구축에 합의하였으며, 2002년 11월 4-5일 캄보디아에서 열린 ASAEAN 10개국

회의에서 아세안-중국경제협력기본협정이 체결되어 2004년 중반까지 협상을 끝내고 2010년까지 아세안-중국 자유무역(우선, 말레이시아, 싱가폴 등 6개국, 베트남, 캄보디아, 미얀마, 라오스는 2015년까지)을 실현하게 되었다. 중국은 또한 2002년 4월 5일 미국 및 EU와 각각 FTA를 맺기 위한 협상을 시작하였다. 현재 중국은 한중일 자유무역협정을 제안한 상황이다. 그러나, 중국은 역사적으로 감정이 있는 일본이나 잠재적 경쟁국이자 북한의 존재를 고려해야 하는 한국보다 화교경제권인 ASEAN과 블록경제권을 형성하는데 주력할 가능성이 있다. 더욱이 중국은 2002년의 WTO 가입에 따라 2006년 상품 및 서비스 분야의 완전 개방에 앞서 단계적 자유화와 비효율적 산업 부문에 대한 구조조정을 앞두고 있는 상황이다. 따라서 이미 실업 수준이 높은 상황에서 앞으로 비효율적 산업 부문에서의 실업의 증가를 초래할 가능성이 높은 동아시아 경제공동체에 적극적인 자세를 보이지 않을 수도 있다.

일본은 궁극적으로 아시아 14개국으로 구성되는 동아시아 자유무역지대를 창설하고자 하나, 각국의 경제상황이나 이해관계를 고려하여 개별 국가와 양국 간 FTA 교섭을 시작하기로 결정하였으며, 이러한 방침을 2002년 4월 12일 미얀마의 양곤에서 개최된 차관급 회의인 일-ASEAN Forum에서 발표하였다. 또한 일본은 아세안과의 정상회담에서 2013년까지 서로 간에 FTA를 창설할 것을 목표로 하는 공동선언문을 발표하였는 바, 이는 중국이 제의한 것을 아세안이 받아들여 이루어진 것이다. 일본의 경우, 장기간의 경제불황으로 인하여 유통, 건설, 부동산 등 정치인과의 관계나 고용 면에서 정치적으로 민감한 업종의 기업들이 주로 부실기업이다. 그러나, 동북아경제공동체의 출범을 위해서는 3국간 협력의 기반조성을 위한 재원의 부담[7])에서 그리고 3국간 심리적 장벽의 제거를 위한 역사유산의 청산의 면에서 일본의 역할이 가장 크다고 할 수 있다.

동북아시아 3국은 과거사에 의하여 혹은 현재의 동맹관계에 의하여 상호 불신과 견제가 해소되지 못하고 있으며, 특히 농산물의 무역에서 서로 간의 입장의 차이를 극복하지 못하고 있는 상황이다. 한국과 중국의 경우, 무역격차가 가장 큰 문제(2001년 49억 달러, 지난 10년간 누적은 333억 달러, 1997년 중국이 반덤핑 제소를 도입한 이래 2002년 8월 현재까지 총 21건의 수입제한 조치를 발동하였는데 한국산 제품이 이 중 16건을 차지)이다. 그러나 중국의 실업문제는 한국이 원부자재를 제공하고 중국이 완제품을 만드는 방향으로 상호보완성이 있다. 또한, 농산물의 경우, 한국 농어민들이 컨소시움을 형성하여 중국에서 믿을 수 있는 농수산물을 생산하여 한국으로 수출하는 것도 고려할 필요가 있다. 한국의 입장에서는 계층화되는 중국소비자들을 활용하고, 첨단 기술 분야와 노동력을 이용한 단순가공 분야 및 각종 인프라가 발달하고 지리적으로 인접한 연안 지역과 자원이 풍부한 내륙 지역이라는 중국의 경제구조를 최대한 활용하는 전략이 필요하다.

그러나, 경제공동체의 출범이 반드시 긍정적인 효과만을 가져오지는 않는다. 개발도상국들만의 FTA인 메르코수르는 아르헨티나의 금융위기로 인하여 전 회원국들이 경제적 곤란을 겪고 있어 역내 경기침체의 전파효과도 무시하지 못한다. 만약 중국에서 빈부격차로 인한 정치경제 혼란이 발생할 경우, 대외경제 의존도가 높은 한국은 특히 타격을 받을 수도 있다. 경쟁력이 없는 산업 부문, 중소기업과 영세기업도 무역과 투자의 양 면에서 블록경제의 구조에서는 어려운 시간을 가질 것이다. 그러나, 비블록 국가로서의 경제는 무역전환

---

7) EC는 포르투갈, 그리스 등 경제 후진국의 인프라의 정비 등 경제체질의 강화를 위하여 지원금을 보조(연간 30억-50억 유로, 3조-5조원)하였다.

효과로 인하여 더욱 힘들어질 것이다.

경제공동체의 출범은 이미 세계적 추세로 한국이 소외될 경우 정치경제적인 타격을 받을 가능성이 높다. 아시아 지역만을 보더라도, 호주-뉴질랜드 경제협력체(CER)는 아세안과 경제파트너십(Close Economic Partnership)을 맺고 2010년까지 통관절차 간소화 및 표준화 등을 통하여 교역량을 2배 이상 늘리기로 2002년 9월 합의하였다. ASEAN에 대한 중국, 일본, 미국(아세안엔터프라이즈 정책)의 구애는 각각 위엔화, 엔화, 달러화 경제권을 확대할 것을 목적으로 한 것이며, ASEAN이 이를 적극 수용하는 이유는 국제투자의 유치를 위한 것이다. 이미 멕시코는 32개국, 칠레는 10개국, 그리고 싱가폴은 2002년말까지 9개국과 별 모양의 자유무역 네트워크를 형성하고 있거나 할 예정이다. 미국은 2005년까지 남북미 통합FTA(미주자유무역지대, FTAA)를 추진하고 있음 뿐만 아니라 전 세계를 상대로 FTA 체결에 나서고 있다. 2002년 말 현재 싱가폴과의 협상은 완료되기 직전이며, 이집트, 남아프리카 관세동맹, 호주와는 2003년도 협상을 시작할 예정이다. 이러한 움직임은 미국이 세계 차원의 다자간 자유무역체제보다 대외경제정책의 자율성이 높은 쌍방간 협의에 의한 FTA를 더 선호함을 보여준다.

동북아 경제공동체는 한국에게 무역수지, 소비자 후생증대, 경제구조 개선 효과, 지역주의에의 대응(정치적 성격), 경제권의 형성에 의한 지역안보 안정 효과(정치적 효과) 등을 가져온다. 따라서, 현재로서는 시간과 노력이 요구되더라도 관계국들이 경제공동체 구성을 위한 정책 자원(역사 인식의 공유, 국민정서, 정치적 합의 등)을 키우면서 현실성이 있는 분야의 교류 및 협력을 강화할 필요가 있다. 또한, 물류시설 통합 등 사회간접자본(SOC) 건설 등 하드웨어뿐 아니라 법, 제도의 정비 등 소프트웨어의 협력을 위해서도 3국간 준비

위원회를 만들어 서로의 관심과 요구사항을 논의하여야 한다. 다자간 경제공동체의 출범이 시간이 걸리고 정책자원의 동원 면에서 힘들면 양자간 블록화부터 시작할 필요도 있다.

Ⅳ. 기존연구 동향

1989년 냉전의 종식이후 약 10여년간 국제정치경제는 빠른 속도로 변화하였다. 냉전구도에서의 지대(rent)를 기대할 수 없게 됨에 따라 국제정치경제는 국가들이 각기 자국의 경제적 이익을 추구하는 일종의 거대한 다자간 게임의 장이 되었다. 국가간 경제요소의 이동에 더 큰 자유와 유동성을 부여하는 것이 핵심인 신자유주의(neoliberalism)는 미국 등 선진국들의 압력, 국제경제규범의 강화, 그리고 국내적 필요성 등에 의해 전세계로 확산되었으며, 외양적으로 이는 세계화(globalization)로 표현되었다.무역, 투자 등 경제 교류와 이와 관련한 제도적 밑받침으로서의 정치적 장치(political arrangements)에 관한 패러다임은 신중상주의, 신자유주의, 그리고 맑시즘, 종속이론 등 구조주의 계열의 연구에서 다양하게 배출되었다.

경제적인 면에서의 국가 간 경쟁의 심화는 경제교류(economic transaction)의 비용을 감소할 것을 요구하였으며, 이는 다시 역설적으로 국가 간 경제협력을 촉진하였다. 유럽연합(European Union)이나 ASEAN과 같이 원래 정치군사적 목적에서 출발한 경우도 있으나, 1990년대 이후 제도화된 대부분 경제협력기구들은 경제적 목적을 갖고 있다.

세계의 타 지역에 비하여 지역 경제협력의 움직임이 늦은 동아시아에서 본격적인 상호 경제협력의 필요성은 방어적 목적에서 유래하였다. 1990년대 후반의 동아시아 금융과 경제의 위기가 그 계기였다. 동아시아 국가들은 거시경제적 성과와 상관없이 외환유동성 부족만으로 국가경제가 타격을 받을 수 있다는 것을 실감하였다. 이에 대한 반응으로, 한국과 일본은 2001년 9월 전체 20억 달러 규모의 통화교환 협정을 체결하였고, 한국과 중국도 2002년 같은 액수에 대한 유사한 협정을 체결하였다. 2003년 동아시아와 호주의 중앙은행간 회담에서는 아시아 채권 시장을 활성화시키고 금융 협력을 증진시키기 위해 10억 달러에 상응하는 아시아 채권 펀드를 창설하기로 합의하였다. 같은 해 ASEAN+3국(한 · 중 · 일) 재무장관 회담에서도 비슷한 조치가 취해졌다. 참가국들은 매년 10만 달러의 자금을 조달하여 아시아 채권시장을 활성화하는 데 합의하였다. 이와 같은 금융협력은, 비록 직접적으로 지역 FTA의 논의로 연결이 되지는 않았지만 2000년대 초의 다른 경제협력의 움직임과 더불어 지역 경제공동체의 출범에 대한 공동인식의 구축에 기여한 것으로 평가할 수 있다.

일본, 중국 및 한국의 동북아 3국의 경제협력은 지난 수 년간 활발히 논의되어 왔다. 한중일이 경제협력의 필요성을 공동으로 발표한 첫 모임은 1999년 ASEAN+3의 3국 정상회의였다. 이후 2002년 제4차 정상회의(한국은 김석수 총리가 참석)에서는 한중일 FTA의 경제적 효과에 대하여 공동으로 연구하기로 결정하였다. 그리고 2003년 11월 서울에서 개최된 한국, 중국 및 일본의 다자통상국장회의에서는 지역 FTA협정을 위해 우선 가능한 분야부터 협력하고 이를 위한 민간 공동연구를 지원하기로 합의하였다. 1999년의 선언이 2002년의 공동연구 결정 그리고 2003년의 공동연구의 실천으로 발전한 것이다.

이러한 3자 협력과 병행하여 양자간 경제협력의 움직임도 활발하였다. 일본과 한국은 그 동안의 공동연구를 바탕으로 2003년 아시아

태평양경제협력체(Asia-Pacific Economic Cooperation, APEC) 정상회의에서 2005년을 목표로 양국간 FTA의 결성을 위한 협상을 시작할 것을 발표하였다. 중국과 한국은 2002년 차관급(한국의 산업자원부, 중국의 상무부) 협력채널을 구성하고, 양국간 산업 제품의 표준화를 위한 양해각서(Memorandum of Understanding, MOU)를 교환하였으며, 향후 이를 전체 동북아에서의 표준화 협력으로 확대하기로 합의하였다.[8] 또한, 같은 해 양국 정상회의의 합의에 따라 경제·통상장관회의(9월, 브루나이), 재무장관회의(5월, 상하이), IT장관회의(9월, 모로코) 등이 개최되었다(환경장관회의는 1999년부터 개최).

이와 같이 지역 FTA의 결성에 있어 한일 FTA가 한중 혹은 한중일 FTA의 경우보다 구체적인 단계로 접어들고 있는 것이 현재의 모습이다. 정부 차원의 이러한 논의는 사실, 뒤에서 논의되겠지만, 실물경제의 움직임보다 제도가 뒤쳐져 있는 것이 사실이다. 따라서, 앞으로 동북아 FTA의 논의가 더욱 활발히 진행될 것으로 추정된다. 중국은 이미 2002년에 공식적으로 일본과 한국에 대하여 FTA의 구축을 제의한 상태이다.

FTA의 체결에 대한 개별 국가들의 입장을 살펴보면, 지역 FTA를 위한 노력에서 동북아 3국 중 중국의 움직임이 가장 활발하다. 중국은 2001년 말 세계무역기구(World Trade Organization, WTO)의 회원국 지위를 획득함에 따라2006년까지 중국의 시장을 개방해야 한다. 따라서 중국은 개방 전에 산업 효율성을 증진하고 산업 구조를 현대화할 필요가 있다. 이를 위한 자본의 조달을 위하여 해외 투자와 수출이 활성화되어야 하므로 중국은 경제 대국들과 FTA를 추진할

8) 한국표준협회와 중국표준화협회가 양국의 협상 주체였다. 이러한 협력은 양국 생산효율의 증진뿐만 아니라 산업제품의 표준화를 위한 다른 경제 대국들과의 경쟁에서 우위를 점하기 위한 목적을 가지고 있다. 2003년에는 중국 베이징에서 제2회 한중일 민관표준회의가 개최되었다.

필요가 있다. 실제 중국은 2002년 미국 및 유럽연합(European Union, EU)과 FTA를 위한 회담을 시작하였다.

그러나, 중국의 FTA 체결에는 경제적 목적 이외 정치적 목적이 있다고 판단된다. 우선, 중국의ASEAN과의 FTA는 관세 수준을 낮춤으로써 자국의 무역 적자를 축소하기 위한 것으로 알려져 있다. 중국과 ASEAN은 10년 안에 FTA를 체결하기로 2001년 합의하였으며, 이에 따라 2004년 중반까지 자유 무역에 관한 협상을 진행하고 2010년 까지는 FTA를 결성할 예정이다.[9] 중국 산업이 현재와 같이 급속히 고도화된다면 장기적으로 ASEAN이 중국의 시장으로서 기능을 할 수도 있다. 그러나 현재 중국과 ASEAN은 비슷한 산업구조를 가지고 있다. FTA의 산업 보완효과를 적어도 단기적으로는 기대하기 힘든 것이다. 자본투자의 면에서도 ASEAN의 매력은 제한적이다. 동남아의 해외중국인 자본이 중국이 개방 초기에 많은 투자를 하였지만, 세계적인 대기업이 중국에 투자하기 시작한 1990년대 중반 이후에는 그 중요성이 현저히 감소되었다. 중국은 또한 원자바오(Wen Jiabao) 총리가 2003년 상해협력기구(Shanghai Cooperation Organization, 중국, 카자흐스탄, 키르키즈스탄, 러시아, 타지키스탄, 우즈베키스탄이 회원국)에 자유무역지대의 설치를 제안하는 등, 중앙아시아와 남아시아의 이웃 국가(지역)들[10] 및 러시아, 몽골과 FTA를 체결하기 위해 노력하고 있다. 이들 국가들의 경제적 수준과 지리적인 위치를 감안할 때, 중국은 FTA의 체결에서 경제 이외의 목적을 가지고 있다고 볼 수 있다. 만약 중국이 동북아 국가들 및 기타 아시아 국가

---

9) 경제발전의 정도가 낮은 Vietnam, Cambodia, Laos, 그리고 Myanmar는 2015년까지 합류할 예정이다.

10) 이들 국가(지역)들은 Kazakhstan, Kyrgyzstan, Uzbekistan, Turkmenistan, Tajikistan, Iran, Pakistan, India, Sikkim(India), Nepal, Bangladesh 및 Bhutan 이다.

들과 FTA를 체결하는 것을 완성한다면, 중국은 아시아 대륙에서 경제적 따라서 정치적 중심의 역할을 하게 될 것으로 예상된다.

한편, 동아시아 경제협력에 대한 일본의 궁극적 계획은 동북아 3국과 동남아 11개국을 포함하는 동아시아 FTA를 제도화하는 것으로 보인다. 이 경우, 선도 산업국으로서의 위치를 볼 때 일본이 동 FTA의 최대 수혜국이 될 것이다. 그러나, 일본은 2002년 미얀마에서 개최된 일본-ASEAN 포럼에서 자국은 경제 상태와 이해관계의 이질성을 고려하여 각 ASEAN 회원국들과 개별적으로 FTA 협상을 시작할 것이라고 발표하였다. 이에 따라, 일본은 2003년 초 가장 경제적 마찰의 가능성이 낮은 싱가포르와 일종의 FTA인 EPA(Economic Partnership Agreement)를 체결한 바 있다. 일본의 경우 FTA 협상에서 핵심은 1차 산업의 무역인데, 이 분야에는 일본 농민과 농촌에 주로 지역구를 두고 있는 여당인 자민당 의원들의 이해가 걸려 있다. 2003년 멕시코와의 FTA 논의도 최종 단계에서 농축산품의 관세가 문제가 되어 결렬되었다. ASEAN 국가들과 멕시코를 제외하면, 한국이 일본의 FTA체결 우선적인 고려 대상인 것으로 판단된다. 한국은 지리적 근접성과 이미 확립된 경제협력의 정도를 감안할 때 일본에 있어 매력적인 FTA 대상국이다.

끝으로, 한국은 비록2003년 초 한·칠레 FTA를 체결하였지만 아직 비준을 받지 못하여 현재 어떤 국가와도 효력을 발휘하는 FTA를 갖고 있지 않은 유일한 경제개발협력기구(Organization for Economic Cooperation and Development)의 회원국이다. Mexico는 32개국과 FTA를 맺고 있는 최다 FTA 체결국이다. 최근 Mexico의 경제가 침체되어 있으나, Mexico는 1994년 북미자유무역협정을 맺은 이후 7년 동안 수출을 세 배로 늘릴 수 있었다. 한국은 1998년 일본과 공동으로 한일FTA의 연구를 시작하였고, 2001년 ASEAN+3국 회담에서 동아시아 FTA의 구축을 제안하였다. 그러나, 한국은 동아시아에서 FTA 실현에 가장 소극적인 국가이다. 칠레와의 협상에서 보여진 바와 같이 자신들의 불이익을 우려하는 농민단체와 노동조합 같은 이익집단들이 FTA의 체결에 강하게 저항하고 있다. 민주화의 부정적인 여파로 집단 이기주의가 위력을 발휘하고 있지만, 여소야대의 권력구도에 기인하는 정부 리더쉽의 부재와 정치권의 총체적인 무능력은 이를 해결할 능력이 충분하지 않은 것으로 판단된다.

FTA가 일본, 중국, 그리고 한국에 실질적인 이익을 줄 것이라는 것은 명확하지만, 앞에서 말한 바와 같이, 이에 대한 구체적인 프로그램(program for modalities)은 아직 마련되지 못하였다. 동북아에서 경제 협력의 더딘 진전에는 정치경제적 이유가 있다. 어느 경우이던 FTA의 제도화는 정치적 신뢰와 관련이 있다. 중국의 개방 이후 동북아에서 역내 경제교류가 활발히 진행되었다 하더라도, 일본, 중국, 그리고 한국은 그들의 과거 침략의 경험 때문에 서로 간의 선의(good will)에 대한 신뢰와 확신을 여전히 갖고 있지 않다. 특히 일본과 중국은 지역 경제에서 상대방의 발언권이 증대되는 것을 원하지 않는다. 중국과 한국의 사이에는 조중 동맹과 한미 동맹이 있다. 결국, 동북아 3국의 관계는, 비록 전략적 협력관계라고 말은 하고 있지만, 전략적 경쟁관계의 성격이 동맹의 성격보다 짙다고 볼 수 있다.

이러한 동북아 3국간의 정치적 장벽을 극복하는 데 있어 한일 혹은 한중보다는, 상대방에 대한 견제심리를 고려할 때, 중일 관계의 개선이 가장 필요하다. 최근 중국의 리더쉽이 제4세대로 교체되었기 때문에, 한반도 문제에 대하여는 중국이 훨씬 현실적인 정책을 펼칠 것이다. 아직 중국 위협론이 사회이슈가 되고 있는 일본이, EU에서 부유한 회원국들이 상대적 저소득 회원국들을 위해 하듯이, 중국의 사회간접자본을 개선하기 위하여 상당한 액수의 자본을 기여한다는 것은 기대하기 곤란할 것이다. 중국도 아직 과거 일본 제국주의 침략의 심리적 상처(trauma)에서 완전히 회복되지 못한 것으로 보인다. 결국, 장기적인 안목으로 양국 정부가 정치력을 발휘하거나 아니면 양국간 경제적 상호의존이 확대되어 상대방에 대한 안보전략적 견제심리를 압도할 것을 기대할 수밖에 없을 것이다.

동북아 FTA 논의에서 언급할 필요가 있는 또 다른 정치적 요인은 미국이다. 세계에서 정치경제적으로 가장 강력한 국가인 미국은 동북아에서 자신의 입지가 약해지도록 방관하지는 않을 것이다. 미국은 1990년대 후반 아시아 경제위기 직후 논의됐던 아시아통화기금(Asia Monetary Fund, AMF)의 구상에 반대한 바 있다. 일본의 AMF 제안에 대하여 미국은 동아시아에서 엔(Yen) 경제권이 출현하지 않을까 의구심을 나타냈다.[11)] 미국은 그 후 자국도 회원으로 참가하는 조건으로 반대의사를 철회하였다. 하지만 그 동안 APEC의 발전이 증명하듯, 어느 이해당사국(stakeholders)을 소외하지 않고 지역 경제협력체를 제도화하는 것이 불가능한 것은 아니다.

순수 경제적 측면에서는, 우선, 한중일 간 경제발전의 차이를 언급할 수 있다. 일본은 고도로 발달한 선진 공업국이다. 한국은 경제발전에 있어 중상위 층에 속하는 국가이고 중국은 전반적으로 여전히 개발도상국이다. 이러한 차이는 경제 관습, 법 규정, 사회 간접자본 등과 같은 다양한 측면에서의 부조화로 표출된다. 더욱이 중국은 사회주의 국가의 많은 유산들, 예를 들어 국가의 경제간섭, 불투명한 상관행, 관료적 형식주의(red tape) 등을 여전히 가지고 있다. 그러나, 이러한 발전 정도의 차이는 동북아 3국 간 노동분업의 이익을 최대화하는 기회를 제공한다. 일본은 자본과 기술을 가졌고, 한국은

---

11) 중국도 비슷한 이유로 이를 반대하였다.

어느 정도의 자본과 기술 그리고 산업화의 경험을, 중국은 풍부한 노동과 거대한 시장을 가지고 있다.[12] 동북아 FTA의 효과에 대한 시뮬레이션 연구들(Mukoyama 2003; 박정동 2002)도 동북아 FTA가 이루어질 경우 부정적 효과보다는 긍정적 효과가 더 많다는 결론을 내리고 있다. 일반적으로, 일본은 자본집약적 생산에, 한국은 자본재 및 중간재 생산에, 그리고 중국은 소비재 생산에 특화할 수 있다. 동북아 3국은 현재 내부적 이유로 각기 산업 구조조정을 추진하고 있다.[13] 이러한 노동 분업은 효율적 산업을 보전하면서 상대방에 대한 무역 적자를 줄일 수 있는 기회를 제공한다.[14]

동북아 FTA의 또 다른 경제적 장애요인은 제조업 부문에서의 실업과 농업 부문에서의 수입 감소이다. 우선, 실업의 경우, 한국도 대비가 필요한 부문이지만, 중국이 정치사회적으로 가장 민감하게

---

12) 중국의 금융 부문은 최근 개방되고 있다. 중국 은행감독위원회는, WTO 가입당시 약속한 은행부문 개방일정에 따라, 2003년 12월부터 외자은행의 위안화 영업범위를 확대하여 영업허용 지역을 제남, 복주, 성도 및 중경의 4개 도시로 확대할 예정이다. 기존의 영업허용 지역은 상해, 심천, 대련, 천진, 광주, 청도, 남경 및 무한의 8개 도시였다. 그러나, 이는 기업을 대상으로 한 영업 허용으로 개인에 대한 위안화 영업은 3년 후 개방될 예정이다.

13) 일본은, 생산기지의 해외 이전에서 보듯이, 장기간의 경제불황을 탈출하기 위하여 최근 들어 전방위 제조업(all-round manufacturing) 구조를 포기하는 움직임을 보이고 있다. 중국은 생산성 향상을 위하여 비효율적 공기업의 민영화를 계속 추진하고 있다. 한국은 선진국으로 진입하기 위하여 산업구조를 고도화하여야 할 필요가 있다.

14) 중국은 한국과의 교역에서 막대한 규모의 무역적자를 기록하고 있다. 2001년의 경우 그 액수는 49억불이었으며, 지난 11년(1991-2001)간 누적 적자는 333억불이었다. 1997년 반덤핑 규제가 도입된 후 2002년까지 중국은 총 21 건의 수입규제조치를 취했는데, 한국 제품이 그 중 16 건을 차지하였다. 한국의 대 일본 무역적자는 감소추세에 있으며, 중국의 대 일본 무역흑자는 증가추세에 있다. 일본의 중국에 대한 수입과 수출은 1995년 각각 360억불과 220억불이었으나, 2000년 각각 551억불과 304억불로 증가하였다(United Nations 2001).

받아들이는 부문이다. 지금도 국유기업의 개혁과 경제구조의 조정과 1960-70년대에 태어난 인구의 취업연령 편입으로 실업이 증가하고 있다. 그러나, 중국은 WTO의 가입에 따라 2006까지는 무역장벽을 낮추어야 하며, 이미 국가적으로 이를 대비하고 있다. 또한, 중국의 공식 관세율은 일본과 한국에 비하여 높게 나타나고 있으나, 각종 설비투자에 대한 관세 면제 등을 감안하면 실질관세율은 이 보다 훨씬 낮을 것이므로 동북아 FTA에 따른 중국의 시장 충격은 생각보다 크지 않을 수 있다. 동북아 FTA는 또한 다른 많은 FTA에서 입증된 바와 같이 무역창출 효과를 가진다. 동북아 국가들은 자국이 FTA에 가입하지 않는다면 역내 국가가 다른 국가들과 FTA를 맺을 경우 무역전환 효과로 인하여 불이익을 감수하여야 한다는 것을 유념해야 한다.

한편, 농업 개방에 의하여 혜택을 볼 것으로 기대되는 중국은 그동안의 경제성장으로 인하여 최근 급속히 농산물 순수입국으로 변화하고 있는 중이다. 아직 가격 경쟁력이 있는 한국 및 일본과 FTA를 체결한다면 중국은 농업 부문 구조조정의 숨고르기를 할 수 있을 것이다. 뚜렷한 손해집단이 있는 농업 부문의 개방은 일본과 한국에서 민감한 정치적 문제이다. 두 민주주의 국가들은 농민 단체들과 비정부 기구(시민 단체)들의 압력으로부터 자유롭지 못하다. 비록 농업개방의 문제가 과거 국제 경제협상의 학습효과와 농민들의 노령화로 인하여 중기적으로는 해결이 되겠지만, 양국 정부는 FTA의 미체결에 따른 기회비용을 줄이고자 한다면 농업의 개방에 적극적으로 노력을 경주할 필요가 있다. 더욱이, 농업 시장의 개방은 2002년 도하개발의제(DDA)의 핵심 이슈 중 하나이고, 동 다자 무역협상은 2004년 말까지 일괄타결(single undertaking) 방식으로 종료될 예정이다.

V. 동북아 경제협력을 위한 전략과 정책

2003년 말 현재까지의 진행을 보면, 한일 간에는 일단 FTA의 일정을 밝힌 상태이고 한중일 FTA는 공동연구가 진행되고 있다. 따라서, 동북아 FTA는 이제 비전 단계에서 벗어나 구체적인 협상을 위한 예비 단계에 접어들었다고 말할 수 있다. 이 중, 한일 FTA는 양국의 정치적 이해관계가 크게 반영되어 추진된 것이다. 한일 FTA의 이점은, 일본은 지역 경제리더로 중국이 부상하는 것을 막을 수 있다는 데 있고, 한국은 농업개방의 부담을 우회할 수 있다.

기술력이 높고 대외경제에의 의존도가 낮은 일본이 최근 FTA 추진에 적극적인 데는 대 중국 견제심리가 그 배경으로 있다. 2001년 중국이 ASEAN과의 FTA 추진을 구체화하자 일본은 싱가포르와 자유무역협정 체결을 서둘러 협상하여, 2002년 1월 자유무역협정(EPA)을 체결하였다. 일본은, 또한, 현재 추진 중인 한일 FTA 체결에도 한국보다 적극적인 태도를 취하고 있다. 2002년 10월 발표된 일본 외무성의 FTA전략에 의하면, 일본은 우선 정치경제적 부담이 적은 ASEAN 및 한국과 FTA를 체결하고 이를 토대로 중장기적으로 중국을 포함한 나머지 동아시아 국가와 FTA를 체결한다는 입장이다. 한국의 경우, 제조업 부문만을 보면 중국(높은 관세율)이나 혹은 미국(철강, 의류, 섬유 등의 수입장벽)과 FTA를 맺는 것이 더 가시적인 이익을 보장한다. 그러나, 농업부문 때문에 일본과 우선 FTA를 협상하는 것이다.[15)]

한국 정부로서는, 만약 일본, 중국, 한국으로 포함하는 FTA를 구성하는 데 너무 많은 시간과 정책 자원을 필요로 한다면, 현실적인

15) 한국은 역시 같은 이유로 정치적 부담이 적은 싱가포르와 2003년 10월 APEC 정상회의에서 양국 FTA의 체결을 선언한 바 있다.

차선책은 우선 한일 FTA를 체결하고 나서 나중에 이들을 통합하는 것이다. 사실, FTA의 체결에는 국가 간 다양한 사회간접자본, 즉 운송 및 통신 시설과 법 및 규정이 조정될 필요가 있기 때문에, 그 타결이 결코 쉽다고 할 수 없다. FTA 협정은 또한 무역, 서비스, 투자, 지적 재산권, 전자 상거래 활동, 정부 조달 등과 같은 광범위한 이슈들을 다루어야 한다. 이러한 면에서 한일 FTA는 한중일 FTA보다 객관적으로 유리한 입장에 있다고 할 수 있다.16)

그러나, 중국의 강력한 정치 지도력은 FTA 타결의 난관을 빠르게 극복할 수 있는 추진력을 가지고 있다. 전술한 바와 같이, 중국과 ASEAN의 FTA 체결은 시장경제의 성숙에 의한 자연스러운 협력이 아니라 국가주의의 위력이 발휘된 것이다. 비록 일본 정부가 중국과의 FTA 및 한중일 FTA를 망설이고 있지만, 민간부문에서 지역협력의 필요성을 강조하는 여론이 추진력을 얻고 있음에 따라 앞으로 소극적 대응으로 일관할 수는 없을 것이다. 실제, 한일 FTA는 중국을 포함해야 산업전략적으로 그 효과를 극대화할 수 있다. 만약 한일 혹은 한중일 FTA가 체결된다면, 미국은 반도체, 통신 장비 등 자국 제품이 한국 혹은 중국 시장에서 일본제품에 차별을 받지 않도록 한국 및 중국에 대하여 FTA를 요구할 것이다. 따라서, 동북아 3국은 장기적으로 이에 대한 대비도 준비할 필요가 있다.

동북아 FTA의 전망을 산업 부문별로 보면, 우선, 제조업의 경우, 동북아 FTA가 성립될 경우, 관세율, 경제규모 및 상품 경쟁력을 볼 때 단기적으로는 일본이 가장 혜택을 볼 것이다. 한국의 경우 관세가 낮아진다면, 일본 제품의 수입으로 인하여 자동차, 전기전자, 기계류 등의 부문에서 단기적으로 손해를 볼 것이다. 그러나, 생산요

16) 정인교(2001, 104)도 비슷한 이유로 한일 FTA를 우선 추진하고 나중에 중국을 포함시킬 것을 주장하고 있다.

소의 비용에서 일본에 비하여 강점을 가지고 있기 때문에 장기적으로는 투자확대, 기술이전 및 기술협력 등을 통해 기술수준을 높이고 세계시장에 공동 진출할 수 있다. 더욱이, 한국의 경제 규모, 기초기술 수준을 고려할 때 독자적인 기술개발의 전략이 과연 효율적인지 생각할 필요가 있다. 또한, 전략적 무역정책(strategic trade policy)에 대하여 미국 등 선진공업국의 압력이 증대하고 있는 현실에서 한국 정부가 취할 수 있는 정책적 수단은 축소될 수밖에 없다. 따라서, 한국으로서는 관세율을 점진적으로 낮추어야 할 것이다.

한국 제조업의 경우, 일본뿐 아니라 앞으로는 중국과의 경쟁도 고려하여야 한다. 중국은 범용 기술제조업에서는 이미 한국과 경쟁관계에 있고, 첨단 주력산업에서도 양국 간 기술격차는 급속히 줄어들고 있다. 2003년 8월 한국무역협회의 발표에 의하면, 한국의 주력 수출상품은 일본 및 중국 제품과의 경쟁이 심화되고 있다. 한국의 주요 수출 10대 품목 중 반도체, 승용차, 화물선 및 자동차부품은 일본과, 송수신기 및 입출력장치는 중국과, 컴퓨터부품 및 TV부품은 양국 모두와 경쟁관계에 있다. 따라서, 한국은 민관합동으로 기술개발과 신사업 육성을 통하여 비교우위를 확보하는 방안을 강구하는 한편 경쟁보다 협력이 현실적인 부문에서는 과감히 산업협력을 도모할 필요가 있다. 또한, 한국의 수출과 중국과의 수입 결합도 즉, 무역보완도 지수가 높은 자본재, 고급 소비재, 기술개발 및 경영 서비스 부문을 집중적으로 육성할 필요가 있다.

한편, 한일 및 한중일 FTA 논의 또 다른 핵심은 비관세장벽의 제거이다.[17] 비관세장벽을 개선하기 위한 1980년대의 미일 구조조정 협력이 별다른 성과를 거두지 못하였듯이 경제 주체의 행태의 문제

---

17) 관세 철폐만으로는, 소비를 제외한, 다른 거시 경제분야의 개선을 기대할 수 없을 것이다(이수희 2002, 389-416).

는 제도적 해결이 한계를 보이는 부문이다. 그러나, 일본의 폐쇄적인 비즈니스 관행 등 비관세 장벽은 1990년대의 장기침체로 인하여 자연스럽게 어느 정도 개선되었다. 중국은 WTO 가입 이후 약 2년 동안 3천여 개에 달하는 각종 무역장벽조치를 철폐하였다. 그러나, 자국 기준의 강요(non-conformance)나 지적재산권의 침해는 여전히 매우 광범위하게 이루어지고 있다. 따라서, 동북아 FTA는 비관세 장벽의 해소를 위하여 제도적인 보장을 구체화할 필요가 있다.

FTA 체결의 또 다른 목적은 역내 투자의 활성화이다. 중국에 대한 일본과 한국의 투자는 FTA의 여부와 상관없이 이미 활성화되고 있다. 일본은 대 중국 투자에서 초기에는 유통 등 비제조업에 대한 투자에 집중하였으나 1990년대 후반 이후 국제적 추세에 따라 제조업에 대한 FDI도 확장하고 있다. 한국의 경우, 아직 중소 제조업 투자가 압도적으로 많기는 하나, 수출을 위한 중소규모의 단순 임가공 제조업 투자에서 대기업에 의한 첨단산업 및 국제시장을 겨냥한 거점본부 개념의 투자를 증가하고 있다. 사실, 중국에 대한 투자는 많은 기업에 있어 이미 선택 사항이 아니다. 세계 500대 기업 중 400개 기업이 중국에 진출하였으며, 그 중 150개 기업은 연구개발 센터를 설치하였다(『중국경제』 2003.11.17). 앞으로 자본의 국제 이동은 WTO 및 각국 정부의 노력에 의하여 더욱 증가할 것이다. 한국의 경우, 역내 투자의 면에서 해외 진출과 해외자본의 유치를 모두 추구하여야 하는 이중적 위치에 있다. 현재 한국 정부가 자국 기업들의 해외 투자를 막을 정책적 수단은 거의 없다. 따라서, 투자의 유치에 초점을 맞출 필요가 있는데, 한국은 중국과의 유치 경쟁에서 이기기 위해서는 노동시장의 경직성을 완화하고, 이미 비교우위를 가지고 있는 고급인력, 사회간접자본 등에 더하여 정부의 적극적인 투자 유인책을 개발하여야 할 것이다.

끝으로, 농업 부문을 보면, 중국은 FTA 체결을 위한 협상에서, 특히 한국과의 무역역조를 이유로, 농업부문을 포함할 것을 요구할 것이다. 더욱이, 중국의 무역흑자는 1998년을 정점으로 감소추세에 있어 머지않아 무역적자를 기록할 것으로 예상된다.18) 한일 FTA가 체결된다면 한국은 농축산품의 수출에서 이득을 볼 수 있다. 결국, 관건은 일본이 어느 정도 농업분야를 개방하느냐는 것이다. 2003년 11월 총선을 앞둔 일본은 멕시코와의 FTA 체결을 적극적으로 추진하였으나 결국 멕시코산 농축산물의 수입 범위를 놓고 합의를 이루지 못하여 타결에 성공하지 못하였다. 그러나, 한국과 일본은 FTA와 상관없이 앞으로 WTO 협상에서 농업 부문의 개방을 피할 수 없다. 양 국은, EU와 마찬가지로, 단기적으로는 농가소득에 대한 직접 보전으로 농업의 개방에 따른 집단반발을 해결하고 장기적으로는 농업 외 소득의 증대, 기업 영농화 등을 추진하여야 할 것이다.

지역 경제통합에는 크게 두 가지의 접근법이 있다. 하나는 정치적 결정에 의존하는 것이고 다른 하나는 점증적인 발전(incremental development)에 따르는 것이다. 이러한 하향식(top-down)과 상향식(bottom-up)의 접근법은 모두 자체 논리와 경험적 실례를 갖고 있지만, 현재 동북아에서 필요한 것은 두 방식의 병합으로 판단된다. FTA의 체결에서 회원국은 그들의 손실을 최소화하는 반면 이익을 최대화하려고 노력한다. 각기 자국 국내경제에 대한 충격을 줄이기 위하여 충분한 시간을 가지고 협상하는 것이 바람직하게 보일 수 있다. 그러나, 협상이 지연될 경우 다양한 국내 이익집단이 개입하게 된다. 이들의 개입을 막을 수는 없으나 각기 이해관계가 다른 이해당사자의 증가는 협상의 마비를 초래할 수 있다.

---

18) 중국의 무역흑자는 1995-2001년의 기간 동안, 167억불(1995), 123억불(1996), 404억불(1997), 435억불(1998), 292억불(1999), 241억불(2000), 225억불(2001)이다(Ministry of Foreign Trade and Economic Cooperation 2003).

이러한 경우를 대비한 하나의 해결책은 두 단계의 협상을 하는 것이다. 첫 단계는 FTA 전략의 수립과 그 당위성의 홍보를 위한 단계이다. 정부 대표들은 FTA의 대강의 구조와 일정을 협상한다. 동 단계는 일정에서의 불확실성을 최소화하는 지도의 효과를 갖는다. 농민단체와 노동조합과 같은 이익 집단들이 자유무역협정에 강하게 반대하며, 선거에 의하여 정권이 교차되는 관계로 이를 무시할 수 없는 일본과 한국은 정치적인 부담을 최소화할 수 있다. FTA의 구조와 일정이 발표되면, 일반 국민을 대표하는 정부와 이해관계 단체들은 서로의 이해를 조정하기 위한 협상기구를 조직할 필요가 있을 것이다. 또한, 각 국 정부는 소득 재분배, 고용 조정 등의 정책을 통하여 노동자 피해를 최소화하고, 시장개방의 이익과 FTA필요성에 대한 국민적 공감의 확대에 노력하여야 한다.

두 번째 단계에서는 각 국 대표로 구성된 부문별 위원회에서 세부 사항을 논의한다. 무역, 투자, 노동 등 부문별 위원회는 필요성과 실현가능성을 기준으로 협상의제의 우선순위를 정하여 구체적인 협력사항에 대한 논의를 시작한다. 권영민(2002)은 장기적인 동북아 경제통합의 순서로, 첫째 과잉생산 조정, 둘째 무역, 투자, 통화 및 거시경제 환경 조정, 마지막으로 지역 공동시장 형태의 경제통합을 주장하고 있다. 한편, 각 정부는 FTA체결에 필요한 정책 자원을 확대하도록 노력해야 한다. 서로간의 상호 신뢰를 구축해야 하며, 국내적으로는 FTA의 이점을 명확히 하고 공개하여 계속 국민의 이해를 구해야 한다. 앞서 언급한 바와 같이, FTA의 체결은 국가간 경쟁으로 인하여 시간 변수가 중요한 사안이다. 만일 동북아 국가들이 지역 자유무역지대의 설립을 소홀히 한다면 불필요하며 회복하기 힘든 규모의 기회비용을 지불하게 될 것이다.

Ⅵ. 마치며

동북아시아는 세계의 주요 경제지역에서 지역 자유무역협정이없는 유일한 지역이다. 미국이 주도하는 북미자유무역협정은 2005년까지 중남미 국가들을 NAFTA에 편입할 계획이며, 나아가 싱가포르, 호주, 남아프리카, 인도, ASEAN, 등과의 FTA 협상을 완료했거나 진행 중에 있다. EU는 남유럽 및 동유럽을 흡수함으로써 이미 거대 경제권으로 부상하였다. 동아시아의 싱가포르와 ASEAN도 해외 투자를 적극적으로 유치하기 위해서 방사형의 자유무역 네트워크를 만들어 나가고 있다.

전술한 바와 같이 FTA가 무역창출, 무역전환, 투자전환, 시장확대, 경쟁촉진, 국내제도 개선 등의 다양한 효과가 있음에도 불구하고, 현재 동북아에서 FTA의 추진은 초보적인 단계에 있다. 물론, FTA는 비용을 수반한다. 한계 기업들과 경쟁력이 없는 산업들은 퇴출해야 할 것이며, 실업과 파산이 발생할 수도 있다. 그러나, 이미 신자유주의적 국제경제질서는 시장이라는 기제를 통하여 비효율적인 기업들을 퇴출시키고 있으므로, 이제 정부가 이러한 기업들을 국제경쟁으로부터 보호할 수 없다는 것을 주지할 필요가 있다. 경제 통합의 단기 비용은 장기 이익에 의해 보상된다. 지역적으로 특화된 국가 간 노동 분업은 무역을 활성화할 것이며, 소비자의 복지와 거시경제의 성과를 개선할 것이다. 중복 투자의 감소와 투자 규모의 확대에 따라 자본 이용의 효율성도 향상할 것이며, 따라서 산업의 구조조정도 촉진될 것이다. 또한, 전략적 제휴와 인수 및 합병(M&A)은 회원국 간의 투자와 기술 이전을 자극하여 지역경제를 활성화할 것이다. 동북아 FTA는 27.5억의 인구와10.2조 불의 GDP, 그리고 1.6조 불의

무역 규모를 갖게 될 것이므로, 타 경제권과의 관계에서 외부 충격을 완화하고 회원국들의 이익을 증진시키는 데 기여할 것이다. 동북아의 정치적, 군사적 긴장도 줄어들 것이다.

FTA의 도입에서 가장 중요한 것은 FTA의 필요성에 관한 국가 간 합의로 각 국의 정치적 리더십을 요구한다. FTA를 구체적으로 실현하기 이해서는 실천의 큰 그림과 실행 프로그램을 위한 부문별 논의가 조화를 이루어야 한다. 국제경쟁의 무대에서 경제주체의 거대화와 경쟁의 심화는 일본, 중국, 그리고 한국으로 하여금 FTA를 체결하도록 요구하고 있다. 1990년대 이후 이들 국가들의 경제적 의존관계는 확대되고 강화되어 왔다. 최근 몇 년 동안 일본과 한국의 많은 기업은 그들의 생산 시설을 중국으로 이전하였으며, 앞으로 기업 내 무역(intra-firm trade)은 점차 역내 무역증가의 많은 부분을 차지할 것이다. 이러한 구조에서 무역 장벽을 유지하는 것은 동북아 지역의 산업 경쟁력을 낮추는 결과를 초래할 뿐이다. 과거 한중일 3국은 모두 두 거대한 경제세력, 미국 및 EU와의 무역 분쟁에서 고통을 경험한 바 있다. 또한, 일본, 중국 그리고 한국은 경제발전의 과정에서 자유 무역과 투자의 수혜국이었다. 동북아 FTA는 역내국들이 무한 경쟁의 국제 경제환경에서 생존하는 데 필수적인 제도적 장치이다.

【참고문헌】

권영민. 2002. "한 · 중 · 일 경제협력의 필요성과 3국간 교역구조의 분석". 권영민 편. 『동북아 지역경제권 형성과 기업간 협력방안』. 서울: 한국경제연구원.

박번순 · 유진석. 1999. "아시아경제 재건을 위한 방안". 삼성경제연구소 연구보고서.

박정동. 2002. "한국과 중국 산업의 경쟁과 보완". 미발표 논문.

이수희. 2002. "한 · 중 · 일 3국간 무역장벽 철폐의 경제적 및 산업별 효과". 권영민 편. 『동북아 지역경제권 형성과 기업간 협력방안』. 서울: 한국경제연구원.

정인교. 2001. 『FTA시대에 어떻게 대처할 것인가?』. 서울: 대외경제정책연구원.

『중국경제』. 2003. 11. 17.

Chung, Sang-Hwa. 2002. "The Differential Impact of the Economic Crisis on Thailand, Indonesia, and South Korea". *Current Politics and Economics of Asia 11:4.*

______, 2000. "An Unfinished Story Yet: The Structural Causes and Aftermath of the Economic Crises in East Asia". *Global Economic Review* 29:3.

CIA(Central Intelligence Agency), U.S.A. 2003. www.cia.gov/cia/publications/factbook/index.html. 검색일: 2003/11/12.

Korean Export and Import Bank. 2003. webolap.koreaexim.go.kr/olap/Report.asp. 검색일: 2003/08/20.

Ministry of Commerce, P.R.C. 2003. www.mofcom.gov.cn/article/200307/20030700112762_1.xml. 검색일: 2003/08/21.

Ministry of Economy, Trade and Industry, Japan. 2001. *Commercial Whitebook* 2001.

Ministry of Foreign Trade and Economic Cooperation, P.R.C. 2003. www.cbg.org.cn/moftec_cn/tjsj/jcktj/Iszlb.html. 검색일: 2003/11/15.

Mukoyama, Hidehiko. 2003. "How Globalization Will Change Japan-China Trading Patterns". *RIM: Public Business and Industries* Ⅲ: 9.

UNCTAD (United Nations Conference on Trade and Development). 2002. stats.unctad.org/restricted/eng/TableViewer/wdsview/dispviewp.asp. 검색일: 2002/08/20.

United Nations. 2001. *Statistical Yearbook for Asia and the Pacific.*

____________. 1996. *Statistical Yearbook for Asia and the Pacific.*

WTO(World Trade Organization). 2002. *International Trade Statistics 2002.*

동북아지역 안보공동체 구상: 러시아의 인식과 전략

이 유 신 | 영남대학교 정치외교학과 교수 |

서 론

냉전이 끝난 지 15년이 지난 현재까지도 동북아에서는 이 지역 전체를 대변하는 안보공동체가 구축되지 못하고 있다. 이는 유럽안보협력기구(Organization for Security and Cooperation in Europe)와 유럽연합 (European Union)과 같은 안보협력체제를 통해 안보공동체 구축에 성공을 거두고 있는 유럽과 가장 대비되는 부분으로 동북아에서의 안보위협요소를 고려할 때 놀라운 일이다 (Baranovsky, 1999: 16; Rhee, 1999: 403; Christensen, 2003: 25-6). 남・북간의 대치상황과 북핵위기 이외에도 중국과 타이완과의 갈등, 러시아와 일본간의 영토분쟁 등은 동북아에서의 안보를 위협하고 있다. 따라서, 이 지역에서 안보협력체제를 통한 안보공동체 구축의 필요성은 일찍부터 제기되어 왔다. 하지만 이러한 필요성에도 불구하고 안보협력체제의 구축은 거의 이루어지지 못하고 있다.

이 글은 동북아지역 안보협력체제 구축에 지대한 영향을 미칠 수 있는 러시아와 중국의 관계를 분석할 것이다. 이를 통해, 동북아지역 안보공동체 구상에 대한 러시아의 인식과 전략을 유추할 것이다. 필자가 이러한 방법을 택한 이유는 다음과 같다. 우선 가까운 미래에 동북아에서 안보공동체 구축을 기대하는 것은 무리인 듯 해 보인다. 안보전문가 존 두프필드 (John Duffield)가 지적하듯이, 아시아 지역을 대표하는 다자간 안보협력체제는 아세안 지역포럼 (ASEAN Regional Forum)이 유일하다. 하지만 이 포럼은 현재까지도 최소한으로 제도화된 다자간 협력체제에 불과하다. 두프필드에 위하면 아세안 지역포럼은 유럽의 북대서양 조약기구 (North Atlantic Treaty Organization or NATO)와 달리 결정적인 행동보다는 대화나 비공식적인 합의를 강조하는데 그치고 있다 (Duffield, 2003: 248).

이러한 상황은 조만간에 개선될 기미를 보이지 않고 있다. 전문가들은 유럽과 달리 아시아에서의 안보협력체제 구축이 더딘 이유를 여러 곳에서 찾고 있다. 우선 제2차 세계대전 이후 유럽에서 독일이 과거 침략행위에 대한 통렬한 반성을 통해 이웃 국가들과의 신뢰회복에 최대한의 노력을 기울인 반면, 일본은 이러한 노력을 하지 않았다는 것이다. 이를 가장 잘 증명해 보이는 예가 바로 지난 2006년 8월 15일에 있었던 일본 총리 고이즈미 준이치로 (Koizumi Junichiro)의 야스쿠니 신사 방문이다. 고이즈미는 주변국의 경고에도 불구하고 야스쿠니 신사 방문을 강행했다 (조선일보, 2006년 8월 15일). 이러한 일본의 행보는 아시아 국가들로 하여금 일본의 향후 의도에 대해 의심을 품게 하고 있다. 이는 아시아 국가들간의 신뢰회복에 최대 걸림돌이 되고 있을 뿐만 아니라 동북아 안보협력체제 구축에 악영향을 미치고 있다. 이외에도, 아시아 국가들간의 현격한 경제발전 단계의 차이와 문화적 상이성 또한 이 지역의 안보협력체제 구축을 더디게 하는 요인으로 작용하고 있다 (Duffield, 2003: 254-56; Ikenberry and Mastanduno, 2003: 11-5).

이러한 상황속에서 소련 붕괴 이후 급격한 속도의 국력쇠퇴로 인해 동북아 지역에서 주도적인 역할을 할 수 없게 된 러시아는 동북아 지역 안보공동체에 대해 원론적인 선언을 하고 있을 뿐이다 (Ivanov, 2004). 따라서 동북아 안보공동체에 대한 러시아의 인식과 전략을 파악하기 위한 방법으로 이 글은 러시아와 중국의 관계를 짚어보고 있다. 이 글은 서론을 포함해 6절로 구성돼 있다. 제 2절은 동북아 안보공동체 구축에 있어 러시아의 중국의 관계가 지니는 함의를 살펴 볼 것이다. 제3절은 소연방 붕괴 이전의 소련과 중국간의 역사적 관계를 살필 것이다. 제4절은 냉전 이후 러시아와 중국의 관계를 표면적으로 동맹국 수준으로 발전하게 한 요인을 분석할 것이다. 제 5절은 러시아와 중국의 실질적인 관계를 조명할 것이다. 여기에서 양국의 실질적인 관계를 동맹국으로 규정하기에는 무리가 있음을 밝히고 그 이유를 짚어 볼 것이다. 마지막으로 필자는 러-중 관계의 분석의 논의를 종합하고 이 과정에서 동북아 안보공동체에 대한 러시아의 인식과 전략을 유추할 것이다.

러-중 관계가 동북아지역 안보공동체 구축에 미치는 영향

안보협력체제의 구축이 단시간내에 이루어지지 않는 과제임을 감안할 때 동북아 국가들 내에서의 양국간 신뢰회복은 필수적이다. 실제로, 중국과 일본간의 불신, 한국과 일본간의 불신, 러시아와 일본간의 불신 등과 같은 동북아 국가그룹 내에서의 양국간 불신은 안보협력체제 구축에 가장 큰 장애물 중 하나이다 (Kim, 2004). 이러한 견지에서 볼 때, 냉전 이후 빠른 속도의 관계정상화를 이루어

낸 러시아와 중국의 관계 분석은 필수적이다. 1992년 당시 많은 전문가들은 러시아와 중국의 관계가 빠른 속도로 정상화 될 것을 예측하지 못했다 (Wilson, 2004: 4). 이 관계 정상화는 최근 10년 이상을 끌어 오던 중·소 국경문제를 해결하는데 기여하며 동북아 안보에 긍정적인 역할을 했다 (Mansourov, 2005: 169). 이외에도, 러시아와 중국은 상하이 협력기구 (Shanghai Cooperation Organization)의 중요한 일원으로 활동해 오고 있다 (Merry, 2003: 25). 이러한 다자간 협력기구의 성공은 동북아 안보협력체제 구축에 긍정적인 역할을 할 것으로 기대된다. 물론, 이 상하이 협력기구가 중앙아시아 4개국 (카자흐스탄, 키르기즈스탄, 타지키스탄 및 우즈베키스탄)을 포함하는 기구로써, 그 역할이 중앙아시아 지역의 긴장완화에 치중돼 있다. 하지만, 이 기구에서 러시아와 중국의 역할과 이 양국의 지리적 위치를 고려할 때 이 기구가 동북아 안보에 미치는 영향은 크지 않을 수 없다.

러시아와 중국간의 원만한 관계가 동북아 안보에 미치는 이러한 긍정적인 효과의 이면에는 위험 요인도 자리하고 있다. 만약, 러시아와 중국의 관계가 동북아지역에서 미국의 독주를 견제하기 위한 진정한 동맹국 수준으로 발전된다면 이는 이 지역에서 러시아와 중국이 미국과 일본에 대치하는 국면으로 발전해 동북아에서의 긴장완화에 악영향을 미칠 것으로 기대되고 있다 (Rhee, 1999: 408). 이는 동북아 안보공동체 형성을 저해하는 요인으로 작용할 것이다. 몇몇 관찰자들이 2005년 8월 사상 최초로 시행되었던 러-중 합동군사훈련에 대해 우려를 표명하는 이유가 아마 이곳에 있을 것이다 (Izvestiya, August 22, 2005).[1)]

1) 동아일보는 인터내셔널 해럴드 트리뷴을 인용해 이 군사훈련은 21세기 초강대국간에 벌어질 "거대게임" (Great Game)의 시작이며 "미국은 물론 동북아시아 국가들에 분명한 메시지를 던지고 있다"라고 지적하고 있다.

소련과 중국의 관계

1949년 공산주의 혁명에 성공한 중국은 당시 소련과 표면적으로 원만한 관계를 유지하고 있었다. 당시 마오쩌뚱 (Mao Tsetung)은 소련을 중국의 발전모델로 삼을 것을 천명하며 양국간의 관계에 있어 소련을 “큰 형” (big brother)으로 규정했다. 이후 1950년 2월 소련과 중국은 친선·동맹·상호협조에 대한 협약 (Treaty of Friendship, Alliance, and Mutual Assistance)을 체결하며 동맹국으로 발전했다. 이 협약의 핵심은 유사시 상호방위의무를 규정한 것이다 (Wilson, 2004: 18; 최태강, 2004: 64).

하지만 이러한 양국간의 공식적인 관계 이면에는 갈등을 초래할 수 있는 여러 가지 요인이 자리하고 있었다. 우선, 역사적으로 러시아는 당시 청 제국의 혼란을 틈타 1858년, 1860년, 그리고 1864년 세 번에 걸쳐 청 제국의 영토를 획득했다. 이 영토는 현재 신장 (Xinjiang)의 북서쪽에 해당하는 지역과 만주 북쪽의 아무르 (Amur) 강과 우수리 (Ussuri)강 유역으로 665,500 제곱마일에 해당하는 크기이다 (Wilson, 2004: 15). 이외에도, 스탈린 (Josef Stalin)은 중국의 공산주의 혁명 성공을 그리 달가워하지 않았는데 그 이유는 무엇보다도 그가 소련의 공산주의 종주국 위치를 두려워했기 때문이다. 1949년 공산주의 혁명에 성공한 마오쩌뚱 (Mao Tsetung)은 모스크바를 방문해 스탈린을 만나기를 원했으나 이 만남은 마노쩌뚱이 수 주일을 기다린 후에야 이루어졌다. 당시 공산주의 혁명에 성공한 후 자국의 체제가 정비되지 않은 상황에서 외국의 수도에서 이 기나긴 기다림을 감내해야 했던 마오쩌뚱이 소련에 대해 호의적인 인상을 가졌을 이유는 만무하다 (Heyman, 1993: 389). 그리고 한국전 당시 소련은 중국에게 무기를 무상으로 제공하는 것을 거부했다. 이는 소련이 동

『동아일보』, 2005년 8월 26일.

아시아에서의 전략적 위치를 공고히 하려는 시도에서 시작된 전쟁임을 감안할 때 중국이 받아들이기 힘든 조치였고 향후 소련과 중국의 관계에 악역향을 미쳤다 (Kissinger, 1994: 491).

소련과 중국간의 이견은 1950년대 후반 서서히 드러나기 시작했다. 특히, 소련이 1957년 스푸트닉 (Sputnik) 우주선을 발사한 이후 중국은 타이완 문제의 해결을 위해 소련의 군사적 지원을 요청했는데 후르시쵸프 (Nikita Khrushchev)는 이를 거절했다. 이외에도, 마오쩌뚱은 향후 전쟁에 있어 소련의 핵무기 사용을 적극 주장했지만, 소련 당국은 이를 달가워하지 않았다. 이후, 소련과 중국의 갈등은 외부로 표출되기 시작했다. 일례로, 1960년 후르시쵸프는 마오쩌뚱을 공개적으로 비판하고 1949년 이래 중국에서 활동해오던 러시아 기술자들을 본국으로 송환했다. 이후, 중국은 1962년 쿠바미사일 위기 당시 소련의 유연한 정책을 강력히 비판했으며, 소련 또한 그해 발생한 중국과 인도의 영토분쟁 당시 비공산권 국가인 인도의 입장을 옹호했다 (Wilson, 2004: 18; Heyman, 1993: 406). 이러한 일련의 사건들은 양국 관계에 긴장을 조성하였다.

이 긴장관계는 1969년에 들어와 중 · 소 국경분쟁으로 표출되었다. 그 이후 소련은 중국을 주요 적국으로 간주하기 시작하며 백만에 이르는 군인과 보유 핵탄두 미사일 SS-20의 3분의 1을 중 · 소국경지대에 배치했고, 이에 대비해 중국도 자국의 군사력을 북쪽의 위협에 대처하기 위해 국경지대에 배치했다. 이러한 소련과 중국의 적대적 관계는 1980년대 후반에 와서야 정상화되기 시작했다. 소련이 중국과의 관계정상화를 위해 중국의 3가지 요구 (아프가니스탄으로부터의 소련군 철수, 중 · 소국경 지역의 군사력 감축, 캄보디아에서의 베트남군 지원중단)를 받아들였고, 이는 1989년 당시 소련 대통령 고르바쵸프 (Mikhail Gorbachev)의 중국 방문으로 이어졌다 (Qimao,

1999: 288). 당시 이 방문이 천안문 사태로 인해 언론의 집중조명을 받지 못했지만, 이 방문의 의미는 무엇보다도 냉전 당시 상호불신으로 점철되었던 소련과 중국간의 관계를 정상화하는 첫 디딤돌이었다는 사실에 있다 (Tsyganov, 1999: 301).

냉전 이후 러시아와 중국의 관계

고르바쵸프의 중국방문 이후 2년 여가 지난 후 러시아와 중국의 관계는 새로운 도약의 기회를 맞게 되는데 그것은 바로 1991년 소련의 붕괴였다. 물론, 소련 붕괴 이후 러시아 외교정책의 우선순위는 미국과 유럽에 있었기 때문에 러시아는 중국과의 관계개선에 관심을 보이지 않았다 (정은숙, 2004: 592; Wilson, 2004: 4). 하지만, 러시아의 서구중시 외교정책이 기대한 성과를 거두지 못하고 미국과 유럽과의 관계에서 러시아가 2등 국가로 전락하면서, 러시아는 아시아에 관심을 가지기 시작했고 아시아 국가 중 중국은 러시아 외교에 있어 가장 중요한 국가로 인식되었다 (Hathaway et al, 2002: 49).

그 이후 러시아와 중국의 관계는 급속도로 정상화되기 시작했다. 1992년 12월 중국을 방문한 러시아 대통령 옐친 (Boris Yeltsin)은 새로운 양국 관계의 개막을 선언하며 자신의 중국 방문을 "동쪽과 서쪽에 적절한 밸런스를 유지한" 러시아 외교정책을 선보이는데 활용했다 (Wishnick, 2001: 799).[2] 당시, 양국 정상 옐친과 양상군 (Yang Shangkun)은 국경지대에서의 병력 축소를 통한 신뢰회복을 강조했고 러시아는 타이완과의 공식적인 외교관계를 추구하지 않음으로써 "하나의 중국" 원칙을 지지한다고 밝혔다 (Wilson, 2004: 26). 이에 더해, 양국은 이념에 대한 차이가 양국의 관계정상화를 저해해서는

---

2) 역사적으로 러시아는 미국 또는 유럽과의 관계가 원만하지 못할 때 아시아로 관심을 기울였다 (Mansourov, 2005: 163).

안된다고 역설했다 (Wilson, 2004: 146). 이후, 1994년 9월에 열린 러·중 정상회담에서 양국정상 옐친과 지앙쩌민 (Jiang Zemin)은 "건설적인 동반자" (constructive partnership) 관계를 선언했다. 특히, 양국정상은 공동선언문에서 상호간 핵무기 선제공격 및 조준금지에 대해 합의했고 국경문제에 있어 부분적인 합의를 이루었다 (Wilson, 2004: 27).

러시아와 중국간의 관계발전은 여기에 그치지 않았다. 1996년 4월 북경에서 열린 러·중 정상회담에서 양국 정상은 공동선언문을 통해 양국관계를 "전략적인 동반자" (strategic partnership)로 규정했다. 이 회담에서 양국정상은 2000년까지 양국간 무역규모를 200억 달러로 끌어 올리는데 합의했다 (Chen, 290). 이외에도, 러시아와 중국은 정치·안보 분야에서 상대국의 입장을 지지했다. 중국은 러시아의 북대서양조약기구 확장정책 반대 입장과 러시아의 체첸공화국 정책을 지지했고, 러시아는 타이완 정부와의 공식외교관계를 추구하지 않을 것을 다짐함으로써 "하나의 중국" 원칙을 지지했다. 당시 서방의 국가들은 러시아와 중국의 전략적인 동반자 관계가 준동맹으로 발전할 수도 있다는 가능성에 대해 우려를 표명했다 (정은숙, 2004: 594).

서방국가들의 이러한 우려는 2001년에 들어와 현실화되는 듯해 보였다. 그 해 7월 러·중 정상회담에서 양국정상 푸틴 (Vladimir Putin)과 지앙쩌민은 친선·우호·협력조약(Treaty of Good-Neighborliness, Friendship and Cooperation)을 맺었다. 이 조약이 갖는 의미는 무엇보다도 표면적으로 러시아와 중국간의 관계가 동맹국 수준에 이르렀다는 것이다.[3] 물론, 조약체결 당시 양국정상은 이 조약이 유사시 상호방위의무와 같은 조항을 포함하지 않기 때문에 동맹을 의미하지 않는다고 강조했지만 조약의 내용을 들여다보면 동맹으로 간주

3) 중국이 친선우호협력 조약을 맺은 나라는 러시아뿐이다 (Wishnick 2001: 803).

해도 무리가 없었다 (Donalson and Donaldson, 2003: 709-710). 특히, 조약의 제8항과 제9항은 러·중간 동맹관계를 시사하고 있다. 조약의 제8항은 협약국은 상대국의 안보와, 주권, 및 영토에 해를 가할 수 있는 어떤 제 3국과 조약을 맺는 것을 금지하고 있고, 제9항은 만약 협약국 중 한 국가가 침략을 받을 경우 상대국에 즉시 통보할 의무가 있다고 명시하고 있다 (Wishnick, 2001: 803). 이에 더해, 조약은 "어떠한 제3국을 겨냥하지 않고 있다"고 명시하고 있으나 "러시아와 중국이 전 세계 전략적 세력균형을 위한 협력의 필요성"을 언급하고 있는 것으로 보아 이 조약이 미국을 겨냥하고 있음을 시사했다 (Merry, 2003: 23).

이러한 러시아와 중국간의 급속한 관계 발전의 배경에는 몇 가지 구조적 요인이 자리하고 있었는데 그 중에서도 소련 붕괴 이후 동북아지역에 새롭게 형성된 세력의 판도는 양국 관계 발전에 가장 중요한 요인으로 작용했다. 소연방 붕괴 이후 러시아는 급격한 국력 쇠퇴를 경험했다. 러시아 전문가 메리 (Merry, 2003: 17-18)에 의하면 소련 붕괴 이후 러시아는 세계무대에서 뿐만 아니라 아시아 무대에서도 많은 영향력을 상실했다. 이는 러시아가 아시아 무대에서 발언권을 행사하기 위해서는 타국의 협조를 필요로 했는데 중국은 이 역할을 가장 잘 수행해줄 수 있는 나라였다. 우선, 일본과 미국과의 우호적인 관계와 쿠릴 섬을 둘러 싼 영토분쟁으로 인한 러시아와 일본간의 원만하지 않은 관계를 고려할 때 러시아가 미국주도 국제질서를 견제하기 위해 일본의 협력을 기대하기에는 무리가 있었다 (Baranovsky, 1999: 28-29). 이에 더해, 소련 붕괴 이후 러시아 내에서의 정치·경제 개혁에 따른 산적한 국내문제를 해결해야 하는 러시아로서는 이웃나라인 중국과의 적대적 관계가 부담으로 작용했을 것이다 (Wilson, 2004: 11). 따라서 중국은 자연스럽게 러시아의 동반자로 인식되었다. 중국의 입장에서도 1980년대 후반 동유럽에서 시작된 공산주의 몰락과 1989년 천안문 사태 등으로 인한 외교적 고립을 헤쳐 나가기 위해 러시아의 협력은 매우 중요하게 인식되었다. 특히, 천안문 사태 이후 서구의 국가들이 중국에 내린 무기수출금지령은 중국으로 하여금 러시아의 중요성을 일깨웠다 (Wilson, 2004: 10).

이러한 상황속에서 미국에 의해 주도된 일련의 사건들은 러시아와 중국간의 관계정상화에 지대한 영향을 미쳤다. 일례로, 러시아는 1990년대 중반부터 추진된 북대서양조약기구의 동진정책을 자국의 영향력을 제한하려는 미국의 전략으로 인식했고, 중국 또한 1995-1996년 타이완의 독립의지를 제압하기 위한 목적으로 중국이 타이완 해협에서 실시한 미사일 훈련 당시 타이완 입장을 옹호한 미국의 정책을 달가워하지 않았다 (Wilson, 2004: 29). 이러한 일련의 사건들은 러시아와 중국으로 하여금 미국주도 국제질서를 견제하게 하는데 중요한 역할을 했다. 1990년대 중반 이래 러시아와 중국은 이라크에 대한 미국의 전투기 공격, 코소보 사태에 대한 북대서양조약기구의 개입 등에 관한 사안에 대해 동일한 목소리를 내기 시작했다 이외에도 중국은 러시아가 체첸공화국의 분리문제를 군사적인 방법을 동원해 해결하려는 정책을 지지했고, 러시아는 타이완 문제에 대한 중국의 입장을 지지했다 (Wishnick, 2001: 800-801).

국제무대에서 미국의 독주가 러시아와 중국의 관계에 지대한 영향을 미친다는 증거는 무엇보다도 양국이 기회 있을 때마다 외쳤던 다극체제 건설에 대한 필요성에서 찾을 수 있다 (Wilson, 2004: 197). 1994년 양국정상은 공동선언문에서 다극체제 건설의 필요성을 역설했다. 이는 3년 후 구체적으로 표출되었다. 1997년 4월 러・중 정상회담은 “다극체제와 새로운 국제질서의 형성에 대한 공동선언문”

(Joint Declaration about a Multipolar World and the Formation of a New International Order)을 채택했는데 이 선언문은 과거의 선언문과 달리 국제문제에 초점을 두고 국제질서에 대한 구체적인 방안을 제시하고 있었다. 특히, 이 선언문은 세계평화와 안보를 유지하는데 있어 UN 안전보장이사회의 역할을 강조했다 (Wilson, 2004: 149).

러시아와 중국이 미국주도 국제질서를 견제하려는 의지는 양국이 주도적인 역할을 하는 상하이 협력기구 (Shanghai Cooperation Organization)에서도 찾을 수 있다. 이 기구는 러시아와 중국, 그리고 중앙아시아 3개국 (카자흐스탄, 키르기즈스탄, 타지키스탄)이 1996년 창설한 상하이 포럼이라는 모임이 발전한 것으로 협약국들간의 긴장완화에 긍정적인 역할을 하고 있다. 예를 들면, 1996년 5개의 참가국들은 국경의 100km 반경 내에서 각국이 군대나 무기를 이동할 때는 상대국에 통보할 의무에 대한 협약을 맺었고, 1997년에는 국경지대에 배치할 수 있는 병력의 수를 제한하는 협약에도 서명했다. 2001년 7월에 들어와 우즈베키스탄이 이 기구에 가입하며 이 기구는 상하이 협력기구로 불리어지기 시작했다. 이 기구의 목적은 국경지대에서의 긴장완화와 회원국간의 신뢰회복이라는 목표인데, 러시아와 중국은 2002년 러시아 상크트 피테르부르그에서 열린 상하이 협력기구 정상회의에서 이 기구를 다극체제의 국제질서를 옹호하는데 활용했다 (Merry, 2003: 25).

러시아와 중국: 진정한 의미의 동맹국?

러시아와 중국간의 관계정상화를 촉진하는 구조적 요인은 양국간의 관계를 표면적으로 동맹국 수준으로 발전시켰다. 실제로, 러시아 관리들은 여러 번 자국과 중국의 국가이익은 100퍼센트 일치한다고 공언해 왔다 (Mansourov, 2005: 164). 하지만 러시아와 중국의 관계는 말과 행동의 간극으로 특징지어지는 경우가 많았다. 다시 말해, 러시아와 중국의 실질적 관계는 동맹국 관계로 묘사되기에는 어려움이 있는 듯해 보인다. 이에 대한 증거는 여러 곳에서 포착된다. 러시아는 현재까지 여러 번 자국의 최신예 무기시스템 기술에 대한 중국의 접근을 제한해 왔다 (Wilson, 2004: 110). 일례로, 2004년 러시아 국방부장관 세르게이 이바노프 (Sergei Ivanov)가 중국을 방문했을 당시 중국은 미국의 F-22와 F-35 전투기 공격을 억제할 수 있는 러시아의 최신예 무기시스템을 원한 것으로 알려졌다. 하지만 러시아는 중국의 이러한 요구를 거절했다. 이에, 중국은 러시아와의 무기기술 협력을 잠시 중단하고 그 대안으로 서유럽구가들로부터 무기를 수입하는 방안을 모색하기 시작했는데 이는 유럽연합이 1989년 천안문 사태 이후 중국에 내린 무기수출금지령을 해제하려는 중국의 외교적 노력으로 표출되었다 (Mansourov, 2005: 165).

러시아와 중국의 관계가 말과 행동의 간극으로 특징지어 지고 있음을 보여주는 또 다른 좋은 예는 미국에 의해 주도되는 미사일 방어계획에 대한 양국의 반응이다. 미국의 미사일 방어계획은 크게 두 가지로 나뉘는데 해외에 배치된 미군과 미국의 동맹국 방어를 위한 전역 미사일 방어시스템 (Theater Missile Defense Systems)과 미국의 본토 방어를 위한 국가 미사일 방어시스템(National Missile Defense Systems) 이다 (Wilson, 2004:157). 물론, 동북아 지역에서 전역 미사일 방어시스템 구축의 필요성에 대한 논의는 1998년 8월 북한이 대포동 1호를 발사한 후에 시작되었지만, 중국은 이 시스템이 자국과 타이완간의 충돌에 대비해 계획되고 있다고 믿고 있다. 따라서 중국은 미국과 일본이 협력해 동아시아 지역에 배치하려고 계획하는 전역 미사일 방어시스템을 적극 반대했다 (Wilson, 2004: 157-158). 하지만 러시아는 이 미사일 방어시스템에 대해 그리 우려하지 않았다 (Wilson, 2004: 159).

국가 미사일 방어시스템에 있어서도 러시아와 중국은 이견을 나타내고 있다. 특히, 양국은 국가 미사일 방어시스템의 실질적인 대처에 있어 큰 차이를 보이고 있다. 1998년 11월 양국정상 옐친과 지앙쩌민은 1972년에 체결된 ABM (Anti-Ballistic Missile) 조약에 대한 최초의 입장을 표명했다. 당시 양국정상은 ABM 조약이 세계평화를 유지하는데 있어 가장 중요한 역할을 했음을 강조하며 이 조약의 개정 반대를 주장했다. 이후, 1999년 4월 양국 실무관계자들은 공동선언문을 통해 미국의 국가 미사일 방어시스템은 ABM 조약을 위반하는 행위로 세계평화에 부정적인 결과만을 초래할 것이라고 지적했다 (Wilson, 2004: 159-160). 하지만 이러한 선언문에도 불구하고 러시아는 미국의 ABM 조약 개정 시도에 미온적으로 대처했다. 이는 푸틴 집권 이후 두드러지게 나타났다. 러시아는 미국과 조약개정을 위해 회담을 수용했고 미국의 조약탈퇴에 대한 비판도 자제하고 있다 (Rozman, 2004: 207).

이와 같이 미국의 외교정책에 대한 러시아의 순응적인 자세는 다른 분야에서도 나타났다. 그 대표적인 예가 러시아의 대 북대서양조약기구 정책이다. 러시아는 미국에 의해 주도된 북대서양조약기구의 동진정책을 반대하는 것은 시간낭비에 불과하다는 것을 인식하고 이 기구와 새로운 관계를 모색하기 시작했다. 이는 2002년 5월 러시아와 북대서양조약기구 당국자들이 나토-러시아 위원회 (NATO-Russia Council)를 설립하고 향후 나토 조직 내에서 러시아의 역할을 확대하는데 동의했을 때 가장 잘 드러났다. 당시, 러시아는 자국의 이러한 정책이 중국과의 전략적 동반자 관계에 부정적인 영향을 미치지 않는다고 강조했지만 중국은 러시아의 정책을 달가워하지 않았다 (Wilson, 2004: 169-170).

이외에도, 러시아의 동시베리아 송유관 정책은 러시아와 중국의 관계를 동맹국으로 규정하기에는 어려움이 있음을 시사하고 있다. 이 송유관 정책의 핵심은 시베리아 석유자원을 둘러 싼 중국과 일본의 경쟁으로 중국은 러시아 당국이 동시베리아에서 중국의 다칭(Daqing)이라는 도시로 향하는 송유관을 건설해 주기를 바랬고, 일본은 러시아 당국이 동시베리아에서 태평양에 위치한 나호트카(Nakhodka)항으로 향하는 송유관을 건설해 주기를 원했다. 2003년 당시 여러 전문가들은 이 송유관 경쟁이 중국에 유리하게 전개될 것이라고 예측했는데 그 이유는 무엇보다도 러 · 일 관계에 비해 러 · 중 관계가 밀접했기 때문이다 (Korchagina, 2003; Japan Economic Newswire, January 27, 2003). 위에서 언급했듯이, 러시아와 중국의 관계는 냉전 이후 급속도로 발전해 2001년 7월에는 양국이 친선 · 우호 · 협력조약을 맺을 정도로 원만한 관계를 유지하고 있었다. 반면에, 러시아와 일본의 관계는 원만하지 못했다. 러시아와 일본은 제2차 세계대전 이후 아직까지도 평화협정을 체결하지 않은 상태였고, 쿠릴 섬을 둘러싼 영토 문제는 양국관계의 개선에 큰 걸림돌이 되고 있었다. 특히, 이 영토문제에 대해 양국이 지니고 있는 인식의 차이는 좁혀질 기미를 보이지 않았다. 많은 러시아 지도급 인사들이 쿠릴 섬의 일본 반환을 반대하고 있는 반면, 일본 외교관리에 의하면 이 영토의 회복은 일본에게 가장 중요한 사안이라는 것이다. 이러한 인식의 차이는 양국관계에 악영향을 미치고 있었다. 한 일본 관리는 이러한 양국관계를 "G 8 국가들의 양국 관계 중 러 · 일 관계는 최악이다"라고 묘사하고 있다 (Jack and Pilling, 2003).

러시아와 중국간의 원만한 관계가 러시아 송유관 정책결정에 중요한 영향을 미쳤다는 주장은 2003년 5월 양국이 송유관 건설계획에 대해 합의를 했을 당시만 해도 설득력을 지니고 있었다. 특히,

후진타오 (Hu Jintao)가 중국 주석이 되고 난 후 첫 외국 방문지로 미국대신 러시아를 선택했고 양국간 에너지 협력에 대한 합의가 담긴 선언문에서 양국정상이 "에너지 분야에서의 협력을 매우 중요하게 여기며 앙가르스크-다칭 송유관을 포함한 대규모 석유·가스 프로젝트를 이행하는 것이 이 협력을 강화하는 기초가 될 것이다"라고 천명한 사실은 위 주장의 설득력을 더해 주고 있었다 (n a, 2003).

하지만, 러·중간 송유관 건설계획에 대한 합의가 있은 지 한 달이 채 안돼 푸틴이 앙가르스크-나호트카 송유관을 선호한다고 지적함으로써 러시아의 송유관 정책이 최종 결정되지 않았음을 시사한 사실은 원만한 러시아와 중국의 관계가 러시아 송유관 결정에 중요한 역할을 하지 않았음을 잘 보여주고 있다. 이는 러시아의 합의 불이행이 러시아와 중국의 관계에 미칠 악영향에도 불구하고 러시아가 태평양으로 향하는 송유관 건설을 지지한 사실에서도 증명된다. 전문가들은 만약 러시아가 중국으로 향하는 송유관 건설을 포기하고 태평양으로 향하는 송유관 건설을 추진한다면 이는 러·중 관계에 악역향을 미칠 것이라고 지적했다 (Portyakov, 2003; Ng, 2003). 실제로, 러·중간 합의한 송유관 건설계획의 실현 가능성이 불투명해지자 중국은 러시아에 불만을 표시했다 (Helmer, 2003). 일례로, 2004년 초 중국은 아직까지 러시아가 송유관 건설에 대해 결정을 내리지 않은 것에 대해 항의하며, 만약 러시아가 태평양으로 향하는 송유관을 건설한다면 러시아는 "쇠락하는 동반자"(fading partner)에 미래를 거는 실수를 범하는 것과 같다고 말했다 (Brooke, 2004). 중국의 이러한 반응조차도 러시아의 결정에 영향을 미치지 못했다. 2004년 10월 중국을 방문한 푸틴은 양국의 에너지 협력관계와 송유관 문제에 대한 질문에 대해 원론적인 발언을 했을 뿐이다. 그는 러시아는 "에너지 수요가 급증하는 중국과 신뢰할 수 있는 동반자

관계로 발전되기를 바란다"고 지적했다. 하지만 송유관 건설문제에 있어서 "러시아는 자국의 이익을 고려해야만 한다"고 말했다 (Pronina, 2004). 푸틴의 중국 방문이 있은 지 2개월 후 러시아 당국은 동시베리아에서 태평양으로 향하는 송유관 건설을 승인했다 (RFE/RL Newsline, January 4, 2005). 물론 현 시점에 와서 중국으로 향하는 송유관 지선이 건설될 가능성이 전혀 없는 것은 아니다. 하지만 이는 러시아와 중국의 원만한 관계보다는 러시아의 경제적인 고려가 결정적인 역할을 한 것으로 보인다.

위 논의는 러시아와 중국간의 관계를 강화하는 수많은 선언에도 불구하고 양국의 관계가 동맹국으로 묘사되기에는 무리가 따른다는 것을 잘 보여주고 있다. 2001년 7월에 체결된 러·중간 친선·우호·협력조약에 대해 미국 국무부 부장관 리차드 아미타지 (Richard Armitage)는 "조약은 국제무대에서 양국의 위상을 높이는 것 이외에 양국의 실질적인 관계에 큰 의미를 갖고 있지 않다" 말하고 있는데 이 발언은 설득력을 지니고 있다 (Wilson, 2004: 165-66).

그렇다면 과연 어떤 요인이 러·중간 동맹국으로의 발전을 저해하고 있는가? 이에 대한 답은 여러 곳에서 찾을 수 있겠지만 무엇보다도 러시아가 중국을 위협요인으로 인식하고 있다는 사실이 가장 중요한 역할을 하고 있는 듯 해 보인다. 러시아가 중국에 느끼는 위협은 여러 분야에서 발견되는데 가장 대표적인 것이 양국간 벌어지는 세력의 차이이다. 일례로, 최근에 들어 러시아의 경제가 성장하고 있지만 러시아의 경제규모는 중국에 미치지 못하고 있다. 경제협력개발기구 (Organization for Economic Cooperation and Development)의 보고에 의하면 구매력 (purchasing power parity)을 감안한 경제규모에 있어 중국은 세계 2위인 반면에 러시아는 10위에 머무르고 있다. 러시아는 전 세계 경제활동에 약 2.5퍼센트만을 기여하고 있을 뿐이다 (Merry, 2003: 19). 따라서 러시아가 아시아-태평양 지역에서 예전의 영향력을 발휘하지 못하고 있는데 반해, 중국은 급격한 경제성장을 일구어내며 이 지역에서의 영향력을 나날이 확대해 나가고 있다. 이러한 상황속에서 러시아가 중국을 향후 위협 요인으로 인식할 수 있는 가능성은 충분하다. 러시아 전문가 보보 로 (Lo, 2004, 298-299)에 의하면 중국은 러시아의 주요 동반국 (partner)인 동시에 전략적 경쟁자 (strategic competitor)이며 향후 안보위협 요인이라는 것이다.

이에 대한 증거는 자주 목격되었다. 러시아는 현재 가장 많은 양의 무기를 중국으로 수출하고 있다. 한 전문가는 이 무기 수출량이 이미 러시아 국방부가 통제할 수 있는 한계를 벗어났다고 할 정도라고 말하고 있다. 실제로, 많은 서구의 국가들이 중국으로의 러시아 무기수출 증가 속도에 우려를 표명했다. 1990년대 이래 중국이 러시아로부터 구입한 무기양은 서서히 증가해 러시아 최대 무기수입국인 인도를 앞질렀고 2000년 10월에 와서 러시아 무기 수출의 49.9퍼센트를 중국이 구입했다.[4] 중국의 러시아산 무기 구입은 냉전이후 침체기를 겪고 있는 러시아 방위산업체에 희소식임에는 틀림이 없으나 러시아내 민족주의자와 군사전문가에게 우려를 자아내고 있다. 러시아 국방부 장관 이고르 로디오노프 (Igor Rodionov)는 한때 공개적으로 중국을 러시아의 군사적 위협국으로 지목했다 (Miyamoto, 1999: 51).[5] 그리고 많은 군 고위관계자들은 러시아 무기의 중국 수출에 따른 위험요인에 대해 우려를 표명하고 있다 (Wilson, 2004: 110; 조선일보, 2005년 8월 27일).

---

4) 러시아와 중국간 무기거래에 대한 보다 자세한 내용은 (Wishnick, 2001: 806-807; Merry, 2003: 23) 참조.

5) 하지만 로디오노프는 외무부와 크레믈린의 압력에 밀려 자신의 발언을 취소해야만 했다 (Merry, 2003: 23)

러시아가 중국에 느끼는 위협은 여기에 그치지 않는다. 그 대표적인 예가 극동지역에서 러시아가 느끼는 "황색 위협" (Yellow Peril)이다. 이 지역은 러시아 지방 중 경제적으로 가장 낙후된 지역으로 1995년에 이르러 이 지역의 경제개발을 위해 투자된 자본은 1990년에 투자된 자본의 18퍼센트밖에 미치지 못했다. 이러한 상황은 푸틴 집권 이후에도 그리 개선되지 않았는데, 이는 이 지역에서 러시아인의 인구밀도를 감소시키는데 중요한 역할을 했다 (Lo, 2004, 298). 바로 여기에 러시아가 느끼는 황색위협이 존재하고 있다. 우선, 러·중 국경 지역의 인구분포에 있어 러시아 국경지역에서의 인구가 7백만인데 반해, 중국 국경지역에서의 인구는 1억에 이르고 있다 (Merry, 2003: 18). 이러한 상황은 향후 러시아 동시베리아와 극동지역에서의 감소하는 러시아인의 수가 중국인에 의해 채워질 것이라는 우려를 야기하고 있다. 실제로, 1990년 초 이래로 극동지역에서의 러시아인의 인구는 감소추세를 보이고 있는 반면에 중국인의 불법노동자 수는 증가하는 추세를 보이고 있다 (Wishnick, 2001: 809). 한 연구보고는 21세기 중반에 이르면 러시아에서의 중국인 인구가 7백만에서 천만에 이를 것으로 예측하고 있다 (Donaldson and Donaldson, 2003, 722). 러시아 전문가 드미트리 트레닌 (Dmitri Trenin)은 이와 같이 러시아에 불리하게 전개되고 있는 인구분포 상황은 러시아 안보에 큰 위협이 될 수 있음을 강조하고 있다. 그에 의하면 향후 러시아 연방의 영토보존과 통합에 가장 큰 위협은 체첸사태가 아니라 극동지역에서의 탈산업화와 경제적 낙후로 인한 러시아 인구의 감소라고 주장하고 있다 (Trenin, 2005).

실제로 많은 러시아인들이 극동지방이 중국 영토화 되는 것에 대해 우려를 표명했다. 2000년 7월 극동지방을 방문한 푸틴 대통령은 "특정조처가 강구되지 않는 경우, 러시아 극동지방은 수년 내 중국 등

아시아인들로 가득 찰 것"이라고 지적했다 (정은숙, 2004: 612). 극동지역에서의 지방 관료들도 이와 비슷한 우려를 공유하고 있는 듯해 보인다. 이 지방 관료들은 중국이 타이완 문제를 자국에 유리하게 해결만 한다면 중국은 19세기 러시아와 중국의 불평등한 조약에 의해 발생한 중국의 영토상실을 시정하려 할 것으로 믿고 있다. 물론 중국의 이러한 노력이 단시간 내에 성과를 나타내기는 어려울 듯해 보인다. 그러나 양국간 세력판도가 중국에게 유리한 쪽으로 빠르게 전개되는 것을 감안하면 러시아인들의 우려는 그리 과장된 것이 아닐 것이다 (Merry, 2003: 24). 이러한 러시아인들의 우려는 가장 최근 실시된 여론조사에서도 잘 나타나고 있다. 2005년 7월3일 러시아 여론조사기관 (VTsIOM)이 3일 동안에 걸쳐 실시한 조사에 의하면 17퍼센트의 러시아인들이 중국인들의 시베리아 이주를 긍정적으로 보고 있는 반면에, 66퍼센트의 러시아인들은 중국인들의 이주를 매우 위험하다고 생각하고 있다. 이 수치는 시베리아와 극동지역 러시아인들 사이에서 더 높게 나왔는데, 전자에서는 71퍼센트를 보였고 후자에서는 81퍼센트를 보였다 (RFE/RL Newsline, August 16, 2005).

이러한 상황은 러시아와 중국의 관계가 동맹국 수준으로 발전하는 것을 저해하고 있다. 러시아 전문가 메리(Merry, 2003: 24)는 위에서 논의된 러시아와 중국의 관계를 다음과 같이 잘 요약하고 있다. 러시아와 중국 관계의 가장 큰 모순중의 하나는 러시아가 자국의 이익을 극대화하기 위해 중국과의 동반자 관계를 원하지만 내심으로는 중국을 위협요인으로 인식하고 있다는 것이다. 중국에 대한 러시아의 공식입장은 2004년 중국방문을 앞둔 푸틴 대통령이 중국 언론과 가진 인터뷰에서 잘 드러났다. 그는 "양국은 과거의 긴장관계와 이견을 극복했다. 따라서 현재 양국이 솔직하고 우호적인 자세로 다루지 못할 문제가 없다"라고 말했다 (Mansourov, 2005: 164).

그러나 이러한 러시아의 공식적 입장 이면에는 전혀 다른 중국에 대한 인식이 존재하고 있다. 만수로프(Mansourov, 2005: 164)에 의하면 러시아의 외교문제를 잘 파악하고 있는 많은 러시아인들은 중국을 미국보다 위협적인 존재로 인식하고 있다고 지적하고 있다.

이외에도, 현재 러시아와 중국 관계의 또 다른 한계는 양국정부가 동반자 관계를 유지하려 하는 동시에 미국과의 관계를 정상적으로 유지하려는 노력에 있다. 러시아 동아시아 정책 전문가 엘리자베스 위시닉 (Wishnick, 2001: 819-820)이 지적하듯, 러시아와 중국이 양국을 필요로 하는 정도가 이 양국이 미국을 필요로 하는 정도보다 낮다. 이는 경제 분야에서 두드러지게 나타난다. 2002년 중국과 미국간 무역규모가 1160억 달러이었던 반면에, 러시아와 중국간의 무역규모는 80억 달러에 이르렀다 (Wohlforth, 2003: 174). 러시아 전문가 빅토르 파브랴텐코 (Pavliatenko, 1999: 30)도 이와 비슷한 견해를 피력하고 있다. 그에 의하면 미국과 러시아간에 발생할 수도 있는 심각한 위기는 러시아로 하여금 중국과 동맹관계를 체결하게 할 것이다. 하지만 이러한 러시아의 희망을 중국이 받아들일지는 미지수인데 그 이유는 미국과 중국간의 정책이견에도 불구하고 중국은 특히 경제 분야에서 미국과의 관계를 매우 중요시하기 때문이다. 중국과 미국간의 관계에 있어 경제적 요인의 중요성은 1999년에 가장 잘 나타났다. 당시 중국은 북대서양조약기구의 유고슬라비아 공습을 반대했는데 이 반대에도 불구하고 공습은 감행되었다. 하지만 이러한 미국과 중국간의 이견은 1999년 4월 중국 총리 주룽지 (Zhu Rongji)가 자국을 국제무역기구(World Trade Organization)에 가입하기 위해 미국을 방문하는 것을 막지 못했다(Wishnick, 2001: 819).

결 론

위 러·중 관계의 논의에서 우리는 동북아 안보공동체에 대한 다음의 중요한 러시아의 인식과 전략을 유추해 낼 수 있다. 소련 붕괴 이후 급격한 국력의 쇠퇴를 경험한 러시아는 현재 동북아에서의 안보협력체제 구축에 있어 주도적인 역할을 할 수 없다. 이러한 상황 속에서 러시아가 택한 전략은 중국과의 동맹을 통해 이러한 약점을 보안하려 하고 있는 듯해 보인다. 바로 이 요인이 냉전 이후 러시아와 중국의 관계발전에 가장 중요한 역할을 했다. 1994년 "건설적인 동반자"관계를 맺은 양국의 관계는 2년 후 "전략적인 동반자"관계를 체결하며 급속도의 관계정상화를 이루었다. 양국간의 관계는 여기에서 머무르지 않고 2001년에 러시아와 중국이 친선·우호·협력조약을 체결함으로써 양국간의 관계는 표면적으로 동맹국의 관계로 발전했다. 러시아는 이러한 중국과의 협력을 통해 동북아에서의 미국의 독주를 견제하려는 시도를 해왔다. 이를 가장 잘 증명해 보여주는 것이 바로 상하이 협력기구에서의 러시아와 중국의 협력이다. 이 기구내에서 러시아와 중국의 협력은 동북아에서 미국의 독주를 견제하는 선언문의 형태로 나타나고 있다.

하지만 러시아의 이러한 전략은 그리 여의치 않아 보이는데 그 이유는 바로 중국 또한 러시아의 안보위협 요인으로 인식되기 시작했기 때문이다. 러시아가 소련 붕괴 이후 급격한 국력쇠퇴로 인해 동북아에서 영향력을 상실한 데 반해, 중국은 매년 10퍼센트에 가까운 경제성장을 일구어내며 동북아에서의 영향력을 확대해 나가고 있다. 이러한 상황속에서 러시아는 중국을 위협요인으로 인식하기 시작했다. 이러한 인식은 러시아가 동북아에서 미국의 독주를 견제하기 위한 수단으로 채택한 중국과의 협력이 지속될 수 없음을 의미한다.

【참고문헌】

정은숙. 2004. 『러시아 외교안보정책의 이해: 고르바쵸프에서 푸틴까지』. 서울: 세종연구소.

최태강. 2004. 『러시아와 동북아: 1990년대 초 이후 러시아의 대 중·일·한·북 외교』. 서울: 오름.

『동아일보』, 2005년 8월 26일.

『조선일보』, 2005년 8월 27일.

『조선일보』, 2006년 8월 15일.

n. a. 2003. "Asian Oil Rivalry: China's Thirst for Imports May Change Its Behaviour," *Financial Times* (September 25).

Baranovsky, Vladimir. 1999. "Russia and Asia: Challenges and Opportunities for National and International Security," in Gennady Chufrin, ed., *Russia and Asia: The Emerging Security Agenda.* Oxford: Oxford University Press.

Bigg, Claire. 2005. "Russia: Joint Military Exercises with China a Result of New Strategic Partnership," *RFE/RL News & Analysis,* August 18.

Brooke, James. 2004. "The Asian Battle for Russia's Oil and Gas," *New York Times* (January 3).

Christensen, Thomas J. 2003. "China, the U. S.-Japan Alliance, and the Security Dilemma in East Asia," in G. John Ikenberry and Michael Mastanduno. *International Relations Theory and the Asia-Pacific.* New York: Columbia University Press.

Donaldson, Robert and John Donaldson. 2003. "The Arms Trade in Russian-Chinese Relations: Identity, Domestic Politics, and Geopolitical Positioning," *International Studies Quarterly* 47 (4).

Duffield, John. 2003. "Asia-Pacific Security Institutions in Comparative Perspective," in G. John Ikenberry and Michael Mastanduno. *International Relations Theory and the Asia-Pacific.* New York: Columbia University Press.

Golts, Alexander. 2005. "Russia's Economic Maneuvers," *Moscow Times*, August 15.

Hathaway, Robert M., Robert Sutter, Elizabeth Wishnick. 2002. "Regional Approaches in Asia: Foreign and Domestic Concerns in Russia and China," *NBR Analysis* 13(1).

Helmer, John. 2003. "Beijing Strikes Back over Russian Pipeline Delay," *Asia Times* (September 5).

Heyman, Neil M. 1993. *Russian History.* New York: McGraw-Hill, Inc.

Ikenberry, G. John and Michael Mastanduno. 2003. "Introduction: International Relations Theory and the Search for Regional Stability," in G. John Ikenberry and Michael Mastanduno. *International Relations Theory and the Asia-Pacific.* New York: Columbia University Press.

Ivanov, Igor. 2004. "Russia in Asia and Asia in Russia," *Asia and Africa Today* No. 1.

Jack, Andrew and David Pilling. 2003. "Oil Fuels Japan's Drive to Bring a Thaw to Relations with Russia," *Financial Times* (January 10).

Kim, Samuel S. 2004. "Northeast Asia in the Local-Regional-Global Nexus: Multiple Challenges and Contending Explanations," in Samuel Kim, ed., *The International Relations of Northeast Asia.* Lanham, MD: Rowman & Littlefield Publishers, Inc.

Kissinger, Henry. 1994. *Diplomacy.* New York: Simon & Schuster.

Korchagina, Valeria. 2003. "Hu Visits Putin on First Trip Abroad," *Moscow Times* (May 27).

Lo, Bobo. 2004. "The Long Sunset of Strategic Partnership: Russia's Evolving China Policy," *International Affairs* 2.

Mansourov, Alexandre Y. 2005. "Mercantilism and Neo-Imperialism in Russian Foreign Policy during President Putin's 2nd Term," *The Korean Journal of Defense Analysis* XVII (1).

Merry, Wayne. 2003. "Moscow's Retreat and Beijing's Rise as Regional Great Power," *Problems of Post-Communism* 50(3).

Miyamoto, Nobuo. 1999. "The Security Environment of Russia's Far East: A n Environment of Competitive Cooperation," in Gilbert Rozman, Mikhail Nosov, and Koji Watanabe, eds., *Russia and East Asia: The 21st*

Century Security Environment. Armonk, NY: M. E. Sharpe.

Ng, Eric. 2003. "Siberian Oil Decision Stuck in Pipeline," *South China Morning Post* (September 19).

Pavliatenko, Viktor. 1999. "Russian Security in the Pacific Asian Region: The Dangers of Isolation," in Gilbert Rozman, Mikhail Nosov, and Koji Watanabe, eds., *Russia and East Asia: The 21st Century Security nvironment.* Armonk, NY: M. E. Sharpe.

Portyakov, Vladimir. 2003. "Eastern Oil Triangle," Vremya Novostei (December 17) translated in *The Current Digest of the Post-Soviet Press* (January 14, 2004).

Pronina, Lyuba. 2004. "China-Bound Putin Is Coy on Energy," *Moscow Times* (October 14).

Rozman. Gilbert. 2004. "Russian Foreign Policy in Northeast Asia," in Samuel Kim, ed., *The International Relations of Northeast Asia.* Lanham, D: Rowman & Littlefield Publishers, Inc.

Qimao, Chen. 1999. "Sino-Russian Relations after the Break-Up of the Soviet Union," in Gennady Chufrin, ed., *Russia and Asia: The Emerging Security Agenda.* Oxford: Oxford University Press.

Rhee, Sang-Woo. 1999. "Russia and a New Balance of Power in East Asia: Implications for Stability on the Korean Peninsula," in Gennady hufrin, ed., *Russia and Asia: The Emerging Security Agenda.* Oxford: Oxford University Press.

Trenin, Dmitri. 2005. "Putin Must Secure Russia's Far East," *Financial Times* (March 1).

Tsyganov, Yuri. 1999. "Russia and China: What Is in the Pipeline?" in Gennady Chufrin, ed., *Russia and Asia: The Emerging Security Agenda.* Oxford: Oxford University Press.

Wilson, Jeanne L. 2004. *Strategic Partners: Russian-Chinese Relations in the Post-Soviet Era.* Armonk, NY: M. E. Sharpe.

Wishnick, Elizabeth. 2001. "Russia and China: Brothers Again?" *Asian Survey* 41(5).

Wohlforth, William. 2003. "Russia's Soft Balancing Act," in Richard J. Ellings and Aron L. Friedberg, eds., *Strategic Asia 2003-04: Fragility and*

Crisis. The National Bureau of Asian Research.

Izvestiya, August 22, 2005.

Japan Economic Newswire, January 27, 2003.

RFE/RL Newsline, January 4, 2005.

RFE/RL Newsline, August 16, 2005.

RFE/RL Newsline, August 24, 2005.

동아시아 지역통합: 한국의 역할과 전략

최 운 도 | 연세대학교 동서문제 연구원 전문연구원 |

Ⅰ. 서 론

지난 수년간, 동아시아 지역에서 진행되고 있는 지역주의 논의에 변화가 생겨났음을 볼 수 있다. 첫째, ASEAN 중심의 지역주의 논의가 ASEAN을 둘러싼 일본과 중국 사이의 경쟁관계에 대한 논의로 전환되었다(大辻義弘・白石隆, 2002). 둘째, 금융보다는 무역 분야의 경제협력으로 전환되었다(Bergsten 2000, 1997). 셋째, 동아시아 지역주의의 개방성과 폐쇄성에 대한 논의가 본격화 되었다(大庭三枝 2004). 그 결과, 다양한 행위자들 사이의 기능주의적 경험을 바탕으로 성장해야할 지역주의가 강력한 국가권력이 주도하는 국가주의적 지역주의로 발전해 가고 있다. 이는 곧 위로부터의 개혁에 의해 경제개발이 주도된 이 지역 국가들의 경험과 일치한다.

유럽의 경험대로라면 자유무역협정의 확산에 따른 지역통합의 필요성에 대한 인식은 문화공동체로서의 정체성을 바탕으로 안보공동체로 발전해 나가는 것이 순서일 것이다. 그러나 동아시아의 경제통합은 오히려 이 지역에 결여되어 있는 경제적 공동체 의식을 만들어 나가는 틀로서 작용하여 그를 통해 문화적 공동체 의식을 생성해 나가야 하는 역할을 맡고 있는 샘이다. 거기다 경제통합의 기반이 비국가행위자들의 이익에 기초하기 보다는 국가의 정책에 기초하고 있는 만큼, 안보분야에서의 국가 간 경쟁과 갈등은 경제통합의 형태마저 지배할 가능성이 높다. 최근 진행되고 있는 지역주의 경쟁 양상은 냉전시대의 진영 정치와 비슷한 모습을 보여주기 까지 하고 있다. 지난 수년간 중국과 일본에 의해 제시된 지역통합 방안의 제시와 FTA 체결 움직임, 동아시아 정상회담에서 나타난 ASEAN+3에서의 영향력 경쟁 등이 이러한 경향을 잘 보여준다.

동아시아 지역에서의 미래 질서에 대한 전망과 관련된 연구들이 주장해 온 바에 따르면 지금까지는 미국의 대 중국정책을 기초로 하여 일본과 중국 사이의 안보분야는 견제와 긴장이 기본 정책구도인 반면 경제 분야에서는 협력과 교류가 주를 이루는 이중구조를 유지해 온 것으로 평가되어 왔다 (Friedberg 2005; Green and Self 1996; Shambaugh 1996). 그러나 냉전의 종식 이후 꾸준히 지속되어 온 동아시아 지역의 다자주의 노력이 조금씩 결실을 거두려고 하는 순간 오히려 정치 분야의 관계가 경제 분야에 영향을 미치는, 말하자면 역확산의 경향이 나타나고 있다고 할 수 있다. 유럽에 비해 미약한 공동체 의식과 다자주의 협력의 발아기에는 정치와 경제의 분리가 유지될 수 있었으나 이제 자유무역협정의 급속한 확산이라는 실질적인 발전의 단계에서는 그러한 분야별 분리가 더 이상 유지되기 어려워 보인다.

본 연구는 동아시아 지역주의를 연구하는데 있어서 이중구조를 상정한 중일관계에서의 양국의 국내 정치 분석을 넘어 양국의 지역주의가가 갖는 특징을 살펴봄으로써 지역주의 논의에서의 양국의 경쟁 구도를 규명하고자 한다. 결론은 자유무역협정을 둘러싸고 실질적 협약의 단계에 도달한 동아시아 지역주의는 이제 미국의 세계전략과 분리될 수 없는 수준에 다다랐으며 앞으로의 발전은 미국의 영향력에 대한 고려나 참여의 문제와 분리될 수 없을 것이다. 이로서 동아시아 지역주의에 공헌하고자 하는 한국으로서도 이러한 변화를 고려하지 않는다면 실질적인 역할을 추진해 나가기 어려울 전망이다. 그러므로 동아시아 지역주의 발전은 10여 년 전 안보분야에서의 다자주의의 가능성에 대한 논의에서 강조되어 온 바와 같이 (Fisher 2000, Derilek 2000, Acharya 1997) 구조적인 한계에 대한 분명한 인식을 기반으로 할 때 가능하게 될 것이다.

이를 위해 본 연구는 우선 동아시아에서의 다자주의 안보협력체 구상과 관련된 연구의 방향을 간단히 소개하고자 한다. 그 다음으로 일본의 경제관련 외교정책이 왜 양자주의에서 다자주의로, 다시 지역주의로 변화되어 왔으며 그 구동력이 어디에 있는가에 대해 분석하고자 한다. 중국에 대해서는 구호나 슬로건을 떠나 중국의 지역주의 정책이 가질 수밖에 없는 민족주의적 성향과의 관계에 대한 분석함으로서 중국 정책의 정치적 외교적 의미를 밝히고자 한다. 그 다음으로는 양국이 ASEAN과의 관계에서 갖는 한계와 2005년에 있었던 동아시아 정상회의를 배경으로 지역주의와 관련된 중일관계의 중심에 미국이 있음을 설명한다. 이로서 역확산의 가능성에 대한 규명이 이루어질 것이다. 마지막으로는 이상의 분석에 기초하여 한국의 정책적 대응에 대해 논의하고자 한다.

Ⅱ. 동아시아 다자간 안보협력에 관한 연구: 구조적 한계와 정책적 가능성

지난 10여 년 간 진행되어 온 동아시아의 안보협력체 발전 방안에 대한 연구들은 대부분이 어떻게 하면 지역협력의 경험이 없는 동아시아에 유럽안보협력회의 (CSCE)와 같은 다자주의 기구를 발전시킬 수 있을 것인가에 초점을 두었으며, 그 결과 동아시아에 어떠한 제도와 기구가 있어야 그와 같은 효과적인 다자주의 기구가 탄생할 것인가에 관한 것이었다. (문정인 1999; Krepon 2000; Park 2000; 홍현익 · 이대우 2001). 지금까지의 많은 연구들이 이 지역에서의 다자주의 발전에 기여한 것은 사실이며 그 결과가 현재 이 지역에 존재하는 다양한 다자주의 기구들에서 나타나고 있다 (표 1 참조). 그러나 많은 연구들은 유럽과 동아시아의 차이점에 대한 일차원적인 비교를 기초로 하고 있기 때문에 보다 실질적인 분석이 되었다고 하기 어려운 점이 있다. 그 결과가 또한 현재 이 지역 다자주의 기구들이 실효성 있는 활동을 하지 못하고 있는 원인이 되기도 하는 것이다.

동아시아의 다자주의를 연구하는데 있어서 유럽의 경험과의 비교는 정당한 것이다. 그러나 유럽의 성공요인들에 대해 동아시아에 적용 가능한 것과 가능하지 않은 것에 대한 냉정한 구분이 이루어지지 않았다. 그 결과 동아시아에 결여되어 있는 구조적인 요인들, 동아시아에서도 생겨날 수 있는 정치적 노력들, 그리고 시간과 노력이 함께 필요한 기구들에 대한 분별이 이루어지지 않은 비교가 주종을 이루었다. 예를 들면, 아시아는 지난 50여 년간 강대국 간의 전쟁을 경험하지 않았으며, 그로 인해 내부적 결속을 유도할 수 있는 외부

〈표 1〉 동아시아 안보대화협의체 및 협력체와 참여국가

(괄호안은 참여국가수)

협의체 또는 협력체 / 참여국가	ARF (24) 1994	CSCAP (21) 1994	6자회담 (6) 2003	KEDO (3+10) 1995	NEACD (6) 1993	TCOG (3) 1999	APT (10+3) 1997
한 국	○	○	○	○	○	○	○
북 한	○	○	○		○		
미 국	○	○	○	○	○	○	
일 본	○	○	○	○	○	○	○
중 국	○	○	○		○		○
러시아	○	○	○		○		

ARF : ASEAN Regional Forum
KEDO : Korean Peninsula Energy Development Organization
NEACD : Northeast Asia Cooperation Dialogue
TCOG : Trilateral Coordination and Oversight Group
CSCAP : Council for Security Cooperation in the Asia-Pacific
APT : ASEAN plus Korea, Japan and China

출처 : Samuel S. Kim(ed.), The International Relations of Northeast Asia(New York : Rowman & Littlefield Publishers, 2004), p.14.

로부터의 안보 위협을 경험하지 못하였고, 역내의 주권국가들 사이의 영토분쟁이 남아 있어서 언제든 안보 갈등으로 확산될 수 있으며, 역사문제를 청산하지 못함으로써 역내 국가들 사이의 적대감이 남아 있으며, 이들 국가들 사이의 안보갈등에 대해 완충작용을 할 수 있는 중립국가가 없고, 역내의 이해관계를 조정해 주어야할 미국이 일방주의 정책을 유지하고 있다는 점 등이 이 지역 다자주의 발전을 위해 극복해야할 요인으로 지적되어왔다.

그런데 유럽과의 비교 속에 열거된 이러한 요소들이 지역의 협력을 저해하는 요소들이라는 것은 사실이지만 이들은 이 지역의 구조

적인 요인들로써 노력에 의해 제거되어나 달라질 수 없는 것들이다. 이들에 비하면 정치적인 요인들이라 할 수 있는 지도력의 부족이라든가 내정불간섭에 대한 만장일치, 비공식적인 정책결정과정의 선호, 공동체 의식의 결여 등(Acharya 1997)은 역내 구성원들의 노력에 의해 어느 정도 극복되어 질 수 있는 특징들이라는 점에서 위의 구조적인 요인들과는 구분되어야 하는 것들이라 할 수 있다.

이러한 차이점을 분별할 수 있는 시각으로 역내 다자주의 발전의 방향과 가능성을 분석한다면 현재 진행되고 있는 신뢰구축방안들이 유럽의 경험에 기초한 지나치게 의욕적이며 제도주의적인 접근방법임을 알 수 있다. 그 결과가 최근 정체되어 있는 수많은 다자안보협력 기구들에서 나타나고 있다. 그런데 이러한 노력들이 우리에게 비추어 줄 수 있는 많은 교훈들과 성과에도 불구하고, 제도주의적인 방법들의 실패는 경험에서 끝나지 않고 지역협력에 대한 좌절감을 초래할 수도 있음을 인식할 필요가 있다.

다자주의 안보협력체의 발전과 관련된 이러한 노력은 동아시아에서 최근 활발하게 진행되고 있는 경제 분야에서의 지역주의 움직임에도 적용될 수 있을 것이다. 지역주의의 발전은 단순히 유럽의 경험을 제도적으로 복사한다고 해서 이루어지는 것도 아니며, 구조적 제약과 정치적 제약을 구분하지 않은 의욕적 발상은 오히려 내재해 있는 균열을 드러나도록 한다든지, 외교안보분야의 견제와 경쟁의 관계가 경제관계로까지 확산되도록 할 수도 있다는 점이다. 그러므로 막연한 지역협력의 구호에 기초한 규범적 접근법 보다는 불가능한 구조적 제약과 가능한 정치적 노력, 그에 맞는 제도적 발전이라는 현실에 바탕을 둔 분석이 필요하다고 하겠다.

Ⅲ. 일본의 지역주의정책과 현실

1. 일본과 아시아·태평양 지역

일본의 동아시아에 대한 관심은 1985년의 플라자 합의 이후라 할 수 있다. 이전에는 1960년대 중반 이후 소위 '배상외교'라고 불리는 시기로서 태평양 전쟁에 대한 배상을 통해 식민지배의 역사를 청산하고 국교를 정상화하는 것으로, 정부개발원조(ODA)를 활용하여 자신의 수출시장과 자원공급처의 확보를 목표로 하였다. 그 출발점은 아시아에서의 공산권에 대한 봉쇄와 비공산화를 지원하고자 하는 냉전기 미국의 아시아 정책과의 보조를 맞추기 위한 것이었으나(高原明生·日本政治学会編 2003), 동남아시아 국가들의 경제개발보다는 자신의 경제적 이익에 초점을 맞춤으로서 리더십 확보의 실패 뿐 아니라 ODA외교에 있어서도 비난을 면치 못하였다. 그러한 점에서 일본의 최초의 다자주의 제안으로 평가받는 히토츠바시 대학의 고지마 교수의 1965년 태평양자유무역지역 구상 (PAFTAD, Pacific Free Trade and Development Conference) 또한 아시아에서의 다자주의 보다는 미국, 캐나다, 호주, 뉴질랜드 등 서구 선진국과의 협력을 강조하고 있음을 알 수 있다.

GATT를 기본틀로 진행되어 온 일본의 대외경제정책은 일본의 경제가 성장할수록, 미국의 무역적자가 증대하고 재정적자가 누적될수록 미일의 양자관계가 부각되었다. 1985년의 플라자 합의 결과 일본의 엔화는 달러 대비 2배정도의 강세를 보이기 시작하였고, 미국의 일본에 대한 관세 인하 요구와 수입 확대 요구는 거세게 진행되었으며, 급기야 미국은 자의적인 결정에 따라 무역보복이 가능한 수퍼301조가 발동되는 보호무역정책을 택하였다. 1980년대 후반의 또 하나의 흐름은 NAFTA와 EC 등 경제 블록화가 진행되기 시작하였다는 점이다. 미국과의 양자주의적인 협상을 피하기 위해 그리고 강한 엔화를 배경으로 지속적인 발전을 위한 전략을 모색할 필요가 생겨났다.

플라자 합의 이후 일본은 엔의 강세를 배경으로 투자와 ODA에 있어서 지금까지와는 다른 동남아에 대한 지역주의 개념을 보여주기 시작하였다. 새로운 지역주의의 모습이 APEC 형성에 나타나기도 하였다. 1988년 일본의 통산성 내 생겨난 태평양무역개발 연구회에서는 일본, 미국, 캐나다, 호주, NIES 그리고 ASEAN을 포함하는 아시아태평양 국가들의 무역자유화와 지속적인 경제발전을 위한 협력기구의 설립을 구상하였다. 불리한 입장에서 협상에 임해야 하는 미국과의 양자주의를 벗어나서 평등한 협상이 가능한 다자주의 틀로 전환하려는 의도와 강한 엔을 바탕으로 동아시아 국가들에 대한 리더십 발휘를 통한 영향력을 확대하고자 하는 것, 그러면서도 미국과 유럽 중심의 경제관계는 유지하고자 한 것이라 할 수 있다. 이러한 계획은 당시 호주의 지역협력 구상과 절충되어 1989년의 APEC 제1회 각료회의가 결성되어 12개국 (미국, 캐나다, 일본, 한국, 호주, 뉴질랜드 그리고 ASEAN 6개국)으로 출범하기에 이르렀다 (2006년 현재 21개 회원국). 그리고 '열린 지역주의'는 APEC의 주요 특징 중의 하나가 되었다.

일본은 APEC을 통해 다음의 세 가지 구체적인 사항을 추구하고자 하였다 (진창수 2006). 첫째, ODA를 비롯한 다양한 지원책으로 아시아 국가들과 협력하여 개발과 성장을 추구하고자 하였다. 이는 곧 일본의 경제성장 경험을 바탕으로 개별 국가 내 뿐 아니라 지역 내에도 기러기떼형(雁行型) 성장 모형을 적용하여 아시아 지역의 성장을 이끌겠다는 계획이었다. 이를 위해서는 무역자유화에 소극적인

ASEAN 국가들을 설득하기 위한 지역산업의 보호와 인재육성과 교류 등의 다양한 유인책을 제공하였다. 둘째, 미국과 유럽의 보호주의에 대항하고 역내에는 열린 지역주의를 추구함으로써 서구에 대해서는 일본의 농업을 보호하고 아시아 국가들에 대해서는 열려있다는 이미지를 심음으로써 대동아공영권의 기억을 지우고자 하였다. 셋째, 동아시아에서 어떠한 형태로든 자신의 영향력 감소를 방지하려는 미국의 의도를 일본은 무시할 수 없었다. 일본은 이러한 미국의 기본 방침을 너무나 잘 알고 있었기 때문에 위의 첫째와 둘째 목적을 반드시 미국의 참가 하에서 진행해 나갈 계획이었다. 실제로 1990년 12월 말레시아의 마하티르 총리가 아시아 국가들만으로 구성된 EAEC (East Asia Economic Caucus)구상을 제시한데 대해 분명한 반대의사를 보였으며 한국과 일본에게 압력을 가하여 출범 자체가 불가능하게 만든 바 있다.

1990년대 초 일방주의로 인해 한 때 중국, 일본과의 경제관계에 있어서 긴장관계에 있던 미국은 클린턴 정부가 시작되면서 아시아 지역에 대한 적극적인 개입정책을 시작하게 되었다. 1993년 7월의 '신태평양 공동체' 구상을 발표하면서 미국 경제의 활성화를 위해 무역과 투자의 자유화를 추진할 것과 새로운 다국간 안전보장대화 시스템을 구축할 것, 그리고 지역 내 민주화 추진의 세 가지 목표를 추진하기 위해 APEC을 중요시하겠다는 계획을 제시하였다. 다시 말해 지역의 개발과 성장이라는 기존의 목적으로부터, 무역과 투자의 자유화를 위한 틀로서의 APEC으로의 성격변화가 불가피해진 것이다. 그리하여 1994년에는 인도네시아 보고르에서 개최된 정상회담을 통해 선진지역은 2010년까지, 발전도상에 있는 지역의 국가들은 2020년까지 무역과 투자의 자유화를 달성할 것을 목표로 하는 이른바 '보고르 선언'을 채택하였다. 그리고 1995년 오사카에서 개최된

APEC의 정상회담에서는 보고르 선언에 대한 '오사카행동지침'을 마련하기에 이르렀다.

2. 일본과 동아시아

APEC을 중심으로 진행되어 온 일본의 다자주의는 1997년 여름부터 시작된 아시아 금융위기 이후 새로운 형태로 나타나게 되었다. 무역자유화에 무게를 둔 APEC은 금융위기의 문제 해결에는 별다른 대응방안을 제시하지 못하였으며, IMF의 중심세력이 미국이라는 점에서 APEC은 아시아 지역주의의 기구로서의 한계를 드러내게 된 것이다. 이로서 일본은 아시아·태평양 중심의 다자주의에서 동아시아를 중심으로 한 금융협력과 이국간 협상이 기준이 되는 FTA 전략으로 전환하였다. 이는 1990년대 초반부터 제기되기 시작한 '동아시아'의 등장과 무관하지 않다. ASEAN을 중심으로 불어오기 시작한 '동아시아'의 바람은 외환위기를 계기로 일본 지역주의 구상의 축을 아시아·태평양으로부터 동아시아로 옮겨 놓았다.

아시아 외환위기가 발생하자 일본은 1997년 8월말 아시아통화기금(AMF)을 구상하기 시작하였고 중국, 홍콩, 한국 호주, ASEAN 국가들을 중심으로 1000억달러 규모의 기금을 만들고 그 속에서 일본이 중심역할을 하며, IMF와의 협조 속에 혹은 독자적으로 정책을 펼 것을 원칙으로 정한 다음 각국에 비공식적인 의사를 타진하였다. 그 과정에서 미국은 일본의 주도권 가능성에 우려를 표하면서 AMF 구상에 대한 반대 의사를 지속적으로 밝혔으며, 중국이 이 구상에 반대 의사를 표명하면서 AMF 구상은 결국 실현되지 못하였다. 일본의 주도권을 확보하기 위한 엔 공영권의 구상은 결국 수포로 돌아가게 된 것이다. 1998년에는 다시 신미야자와 구상을 제시하였다. 일본이 독자적으로 양자 간 협상을 바탕으로 원조하는 방식의 금융지원 방식으로 지역조직을 바탕으로 한 다자간 기구가 아니라는 점에서 미국도 용인하였다 (山影進 編 2003).

그 동안 동아시아에는 ASEAN+3가 제도화되어 가고 있었으며 1997년 12월에는마날라에서 제1회 ASEAN+3 정상회담이 개최되어 외환위기의 확대를 방지하고자 하는 협력의 틀이 형성되었다. 일본에게 있어서 이 다자주의 틀은 경제위기로 타격을 받은 아시아 국가들이 구체적인 지원책을 요구할 수 있는 장인 동시에 일본이 아시아 지원책을 발표하는 장으로서 기능하였던 것이다 (진창수 2006). 2000년에는 치앙마이 이니셔티브가 출범하여 아시아 중심의 금융분야 협력에 대한 합의가 이루어졌다. EAEC나 ASEM과는 달리 ASEAN+3가 아시아 금융위기의 극복을 목표로 하고 있었다는 점에서 당시 동아시아 유일의 선진공업국이자 세계최대의 외환보유국이며 채권국이었던 일본이 주도적인 역할을 수행한 것은 당연한 것이었다 (田中明彦 2003).

그러나 지역주의가 활성화되면서 오히려 일본의 역할이 한계를 맞고 있다. 첫째, 일본은 무역분야에 있어서 열린 지역주의를 고수하고 있으며 배타적인 블록을 형성하지 않는다는 원칙을 유지하고 있다. 이러한 원칙은 1990년대 동안의 경기침체와 맞물리면서 금융분야에서의 동남아 투자 증가에 반해 무역분야에서는 오히려 수입품의 30%정도를 동남아 각국에 진출해 있는 일본 기업들의 제품이 차지하고 있었을 정도로 무역분야에 있어서는 중상주의적인 정책을 유지하는 소극적 지역주의 태도를 보여주었다. 이는 당시 역내 국가들 사이의 수출입이 증가하고 특히 중국의 역내 수입이 증가한 것과 대조를 보이고 있다 (Pempel 2000, Bowles 2002).

둘째는 이슈영역이 금융에서 무역으로 이전하면서 일본의 역할이 축소될 수 밖에 없었다. 이는 금융위기의 터널을 벗어난 동남아 국가들은 전 세계적으로 진행되고 있는 자유무역의 조류와 만나게 되었고, 역내 역외를 불문하고 FTA 체결에 적극적으로 나서게 되었다. 이 때 일본의 국내정치적 한계, 즉 농업부문과 농림수산성의 반대를 극복할 수 없다는 점이 일본으로 하여금 FTA에 소극적으로 대처할 수 밖에 없도록 하였다는 점이다. 이는 중국이 아직도 상당부분 공산당 중심의 사회주의 경제 체제 속에서 국내정치로부터 자유롭다는 점, 그리고 정책전환이 신속하다는 점과 비교하면 일본이 앉고 있는 국내정치는 한계는 더욱 선명하게 드러난다.

셋째는 ASEAN의 역할 증대에 대한 일본의 상대적 위상 약화인데, 이는 동북아 삼국, 한국, 중국, 일본이 겪고 있는 역사인식의 차이나 정치적 경쟁심으로부터 자유로울 수 있음으로서 ASEAN+3내에서의 ASEAN의 균형자 역할이 중요해졌다는 점이다. 그 배경에는 ASEAN 국가들이 금융위기를 겪으면서 갖게 된 미국에 대한 반감이 줄어들지 않고 있다는 점과 상대적으로 미국을 포함하는 열린 지역주의로부터 벗어날 수 없다는 일본의 한계가 작용하고 있다. 세계경제에서 차지하는 비중이 큰 일본으로서는 미국과의 협력에 비한다면 ASEAN과의 배타적 지역주의는 결코 받아들일 수 없는 것이며, 미국 또한 아시아 지역에서의 배타적 지역주의를 용인하지 않겠다는 의사를 분명히 하고 있다. 그러한 상황에서 ASEAN들의 역내 지역주의가 추구하는 방향과 일본이 추구하는 방향은 갈등을 겪을 수밖에 없는 것이다. 이러한 제약들이 일본으로 하여금 중국과의 경쟁 속에 진행해 나가야하는 지역주의 논의에서 영향력의 한계를 불러오고 있는 것이다.

이러한 점들은 일본 지역주의의 특성임과 동시에 동아시아의 지역주의가 극복해야할 딜레마이기도 하다 (김기석 2005). 결국 경제분야에서의 일본의 무역정책이 미국과의 양자주의에서 벗어나 다자주의로 진행되었다가 아시아 금융위기 이후 지역주의로 전환하였으나 (Pekkannen 2005) 그 지역주의는 여전히 '열린' 지역주의의 한계를 벗어나지 못하고 있다. 그러나 동아시아 지역주의 자체가 미국을 배제한 지역주의로 나아갈 수 있을 것인가를 고려한다면 장기적인 관점에서 일본의 영향력 저하가 필연적이라고 할 수는 없을 것이다.

이러한 일본 지역주의의 한계점들을 보다 근본적으로 이해하기 위해서는 일본이 가진 '경계성' 때문이라는 주장에 주목할 필요가 있다. 어느 국가가 어떤 국가그룹으로부터 배제 당하지는 않으나 핵심성원이 될 수 없어서 주변적 위치에 처해 있는 국가를 '주변국가'라고 한다 (大庭三枝 2004, 15). 일본의 역사적으로 서구세력들 사이에 자신을 위치시키고자 하였으나 서구 국가로 대접받지 못하였으며, 아시아에서도 전쟁과 식민지 정책으로의 후유증으로 아시아 국가들 사이에도 본격적으로 받아들여지지 않았을 뿐 아니라 적극적으로 활동하지도 않아왔다. 그 결과 태평양과 미주대륙을 포함하는 국가들과 아시아의 국가들 사이에서 '아시아 · 태평양' 국가로서 인식되기를 바랐으며, 그 지역주의가 성공적이지 못하자 '동아시아'국가로서 역할하고자 하기를 기대하고 있으나 여기에서도 국력에 해당하는 지도력을 발휘하지 못하고 있는 상황이다. 지역주의에서의 이러한 혼란과 이중성 또한 바로 그 지리적, 문화적, 경제적인 면에서의 경계성에 기인한다는 것이다. 이는 결국 지역주의에서의 일본의 불안정성이 외부상황에 기인하기 보다는 자신의 아이덴티티의 한계로도 볼 수 있음을 의미하는 것이다.

Ⅳ. 중국의 지역주의와 민족주의

1. 중국의 외교정책과 민족주의

중국의 외교정책에 대해서는 모든 연구자들이 궁금해 하는 것이 사실이다. 급속히 성장하는 국력과 2020년 이후에는 GDP가 미국을 추월할 것이라는 가능성 등으로 인한 우려가 경제 분야에서의 다자주의 정책과 안보분야에서의 군비증강과 불투명성의 유지, 이 두 분야 사이의 비일관성, 그리고 구호로 대변되는 안보정책의 모호성 등으로 인해 증폭되고 있는 것이다. 이러한 우려가 중국이 현상유지를 받아들이는 국가가 될 것인가, 현재의 국제질서를 자국의 이익을 위해 바꾸어나가려는 수정주의 국가가 될 것인가는 냉전 종식 이후 세계가 맞이하고 있는 미래상에 있어서 가장 중요한 질문이 되고 있다 (Friedberg 2005 참조.) 그렇다면 동아시아 지역주의에 나타나고 있는 중국 외교정책의 실체는 무엇일까?

동아시아에 있어서의 중국의 지역주의에 대해 이미 1996년 라이퍼는 민족주의에 기반을 둔 국가주의적인 정책이라고 지적한 바 있다. “21세기를 향해가는 이 시점에서 중국은 아시아·태평양 지역의 떠오르는 국가로서 그 지도자들은 중국이 약했던 시절 서구 제국주의 침탈로 인해 민족적 수모를 겪은 역사적 회한을 간직하고 있다. 탈냉전기 중국이 경험하고 있는 경제개혁의 성공은 민족의 목표를 실현할 수 있는 역사적인 기회를 제공하고 있으며, 이것이 바로 주변국들이 우려하는 것이다 (Leifer 1996, 54).”

라이퍼의 지적 이후 10여년 간의 중국의 동아시아와 ASEAN에 대한 외교정책은 다자주의로 특징지어진다. 1986년에는 아시아 개발은행에의 참가에서 시작하여 1989년에 출범한 APEC에 대해서는 1991

년부터 참가하기 시작하였다. 그리고 1994년 출범한 ARF (ASEAN Regional Forum)에서는 창립멤버로 참가하였다. 외환위기 이후에는 비전통적 안보위협의 등장과 함께 다자주의의 필요성이 더욱 강조되는 속에 1997년부터 ASEAN+3에서 적극적으로 활동을 해 왔으며 ASEAN+1에서의 협의도 이끌어 왔다. 2002년에는 2015년을 목표로 ASEAN국가들과 포괄적 경제협력에 합의하였다. 그리고 2003년에는 ASEAN 우호협력 조약 (TAC, Treaty of Amity and Cooperation)에 서명하였다.[1] 또한 최근에는 ASEAN+3에서 출범시킨 동아시아 정상회담 (East-Asian Summit Meeting)에도 적극적으로 참여하고 있다.

2. 민족주의와 다자주의의 모순

문제는 이러한 다자주의 외교정책은 수정주의 국가의 노선과는 일치하지 않는 경향이 있기 때문에 이러한 중국의 다자주의 경향과 라이퍼가 주장하는 민족주의 경향을 어떠한 관계 속에서 설명할 것인가 하는 것이다. 중국은 수정주의국가가 아니며 화평굴기(和平屈起)나 도강양회(韜光養晦) 등의 슬로건에 나타나는 바와 같이 평화적인 방법으로 경제성장을 이끌어 가는 나라로써 민족주의가 약화되는 과정에 있다고 한다면 설명은 간단해 진다. 그러나 중국의 지도자들은 지난 100여 년 간 필요할 때 마다 민족주의를 활용해

---

1) 1976년 1차 ASEAN 정상회담에서 회원국들 사이의 관계와 관련된 조약으로서 다음과 같은 기본 원칙을 열거하고 있다: 1) 독립, 주권, 평등, 영토의 통합, 민족적 아이덴티티에 대한 상호 존중, 2) 외부의 간섭이나 전복, 강압으로부터 자유롭게 국가의 존재를 이끌어 갈 권리, 3) 내정간섭 금지, 4) 차이점들에 대한 평화적 해결, 5) 위협이나 무력 사용의 포기, 6) 효과적인 협력 등이다. ASEAN 국가들의 자신들과 관련된 조약이나 단체에 가입하려면 위의 원칙들을 준수할 것을 약속하는 의미에서 이 조약에 서명할 것을 요구하고 있다. 이 장치는 외부 영향력으로부터 자신들의 조직과 절차를 최대한 보호하는 역할을 하고 있다.

왔다는 점, 그리고 남중국해의 영토분쟁, 대만문제, 동남아 국가들에서의 화교의 문제, 중국 국내문제의 불확실성을 고려한다면 (TAC에 서명했다고 해서 남중국해의 영토분쟁과 화교문제 등에서의 중국이 현상유지를 견지할 것이라는 보장은 없다) 중국의 다자주의와 민족주의를 분리시켜 설명하기가 어렵다는 점을 알 수 있다.

그렇다고 해서 다자주의가 중국의 세력균형의 수단이 되는 것도 아니다. 지금까지 중국이 추구해 온 국가간 관계란 '전략적 파트너십'이라 불리는 것으로 1996년 러시아와, 그리고 2003년에는 ASEAN과 채결하였으며, 심지어는 미국과도 그러한 관계를 상정하였다. 그리고 그 관계는 특정 외부 세력의 위협을 명시한 적도 없다. 또한 중국의 모든 동맹국들이 사실상 약하거나 많은 국내 문제점들을 가진 국가들이라는 점을 고려하면 중국의 외교정책이 세력균형을 목적으로 한 것이라고 단언할 수도 없다. 북한, 미얀마, 파키스탄 등이 그러하며 심지어는 강대국이라는 불리는 인도와 러시아마저도 비록 동맹관계에 있다하더라고 미국에 대한 세력균형으로는 역부족이라는 점이다 (Hughes 2005).

또 다른 설명 방법은 다자주의를 미국, 일본과 경쟁하고 있는 이 지역에서 중국이 영향력을 확대해 나갈 수 있는 효과적인 방법으로 보고, 궁극적으로는 중국이 탈냉전기의 이상적인 세계질서로써 다극체제를 추구하는 것으로 보는 것이다(Haacke 2002). 중국은 등소평이 동맹의 전략적 운용에 한계가 있음을 시인한 1985년 이후부터 아시아의 다자주의 기구에 참가하기 시작하였으며, 다자주의가 아시아에 있어서 초강대국인 미국과의 대결을 최소화하면서 지역에서의 영향력을 확대해 나갈 수 있는 최선의 방법으로 인식하고 있다 (Hughes 2005).

중국의 사활적 이익이라고 하는 대만문제, 남중국해에서의 주권,

신장과 위구르에서의 분리주의 차단 등의 문제에 있어서는 미국과 대립각을 세우더라도 다른 분야에서는 중국이 추구하는 국제사회의 규범에 대한 지역 국가들의 지지를 얻어내고, 미국이나 일본과의 마찰을 최소화하는 방법으로 다자주의를 운영하는 것이다. 또한 다자주의 기구들이 초강대국들과의 대화와 협상에 있어서 중국에게 최선의 장을 제공할 수 있다고 믿는 것이다. 휴즈에 따르면 이러한 전략은 중국이 자신에 대한 두 가지 가설을 인정하고 있다고 한다. 첫째는 중국이 아직은 경제적으로나 군사적으로나 미국과 대적할 수 없다는 것이며, 둘째는 주변국들이 중국의 의도에 대해 의심을 떨치지 못하고 있다는 것을 인식하고 있다는 점이다. 바로 이러한 이유들 때문에 중국은 지난 10여 년간 다자주의 활동에 적극적으로 나섰던 것이다. 그럼에도 불구하고 이러한 정책은 결국, 중국의 외교정책이 민족주의를 버린 것이 아니라 민족주의를 추구할 수 있는 현실적인 대안으로 다자주의를 택한 것으로 보는 것이다.

그러므로 중국의 다자주의를 일본이나 유럽 국가들에서의 다자주의와 같은 비국가주의적인 거버넌스의 확대로 인식되어서도 안 되는 것이다. 9.11 테러 이후 상하이 협력기구(SCO)에서는 세계적인 대테러 전쟁에의 협력을 약속하고 지역경제협력을 약속하였다.[2] 그러나 이는 동맹의 형태를 띠지 않음으로써 미국의 견제를 피할 수 있을 뿐 아니라 내정 불간섭 원칙을 따라 각 국가들 내부의 문제점들을 덮어주고 정권 중심적인 협력체제로 나아가고 있다. 또한 분리주의자들에 대한 상호협력의 효과를 모색하고 있는 바, 우즈베키스탄의 독재자에 의해 감행된 시민들의 대량살상을 눈 감아 주는 대신 러시아는 체첸 반군에 대한 우즈베키스탄의 협력을 구하였으

2) 현재는 중국, 러시아, 카자흐스탄, 키르키스탄, 타지크스탄과 우즈베키스탄의 6개국으로 구성되어 있으며, 2005년 6월의 정상회담에서는 인도, 파키스탄, 이란이 업저버로 초청되었다.

며, 중국은 신장, 위구르 지역의 분리주의자들에 대한 우즈베키스탄과 카자흐스탄의 지원을 받을 수 있게 된 것이다 (Economist July 9, 2005).

V. 미국의 다자주의 정책

1980년대 후반 미국의 대외경제정책은 두 가지 방향으로 나아가고 있었다. 한편으로는 양자주의를 원칙으로 상대방의 관세인하와 미국제품의 수입증가를 종용하고, 수용하지 않을 경우 수퍼 301조를 동원하여 압력을 가하는 방법이었으며, 또 한편으로는 기존의 무역질서를 주도해 온 GATT체제를 신자유주의 정책을 추진할 수 있는 WTO체제로 대체하는 것이었다. 이러한 미국의 전략은 나름대로의 성과를 거둔 것도 사실이지만 지역주의에 대한 미국의 거부는 외교정책의 자율성을 추구할 수 있는 기회라고 생각하는 일본과 중국에 대해서는 마찰의 원인이 되기도 하였다. 당시 일본은 국내 부동산 버블의 붕괴로 인한 경기의 하강 속에 동아시아에 대한 투자와 무역을 급속히 증가시켜나가고 있었으며 중국은 천안문 사태 이후 미국과 유럽 국가들로부터 정치적 견제를 받고 있었다. 1991년에는 아세안 확대외무장관 회의를 동아시아의 다자안보 대화체로 발전시키고자 하는 일본의 제안에 대해서도 부정적인 입장을 견지하였다. 그리고 1990년 12월에 제시된 마하티르 총리의 동아시아경제그룹(EAEG) 제안에 대해서도 거부하는 입장을 밝힘으로써 출범하지 못하도록 하였다.

1993년 윈스턴 로드 동아태지역 국무부 차관보가 그의 상급자인 워렌 크리스토퍼에게 남긴 비공식 메모가 누설되면서 클린턴 행정부의 동아시아 정책이 급선회하는 계기를 맞게 된다.[3] 아시아에서의 다자주의 경향을 인정하고 지지하게 되었으며 클린턴 대통령 스스로가 '신태평양 공동체 (A New Pacific Community)' 구상을 발표하여 1989년 이래 각료급 회의체로 진행되어 오던 APEC을 정상회의체로 격상시켰으며 무역과 투자의 자유화 뿐 아니라 다자간 안보협력체로의 발전 가능성도 열어 놓았다. 그리하여 ASEAN이 역내의 안보문제에 대해 논의를 시작하였고 ASEAN의 확대외무장관회의를 활용하여 1994년에는 ARF를 공식적으로 출범하게 되었다. 이 과정에서 미국의 참여와 지지가 ARF 출범과 발전에 중요한 요소가 되었으며 1997년에는 ASEAN+3 정상회의 출범을 허용함으로써 동아시아 지역주의가 오늘날과 같이 발전할 수 있는 계기가 되었다.

그러나 한편으로 1990년대 초의 미국의 유엔 중심주의와 WTO 중심의 다자주의에 대한 정책적 선호는 당시 일본으로 하여금 양자주의 협상틀을 포기하고 다자주의로 외교정책의 방향을 선회하도록 하여 유엔을 중심으로 한 다자주의와 열린 지역주의 노선을 강조하도록 하였다. 또한 중국에 대해서는 WTO 가입을 외교정책의 최상위 목표로 두도록 하였다. 1990년대 중반 미국이 유엔중심주의를 포기하고 외교에 있어서의 3자 이상의 협상(minilateralism)을 선호하는 것으로 전환하는 시점에서 아세아 국가들은 외환위기를 경험하게 되었으며 중국과 일본은 이 때부터 지역주의를 기본적인 협상의 틀로 활용하기 시작하였다 (Pekkannen 2005). 현 부시 행정부에 있어서는 미국의 국익과 대립되지 않는다면 아시아의 경제협력체나 안보

3) 윈스런 로드 차관보는 그 메모에서 동아시아 국가들에 대한 미국 외교정책을 비판하였다. "미국이 택한 일련의 수단들은 그것들이 위협에 그쳤든 실제로 채택되었든 그 지역에서의 미국의 긍정적 이미지를 부식시킬 위험이 있으며... 비난의 구실을 제공하고 있다 (Far Eastern Economic Review, May 19, 1999)."

협력체에 대해서도 지지하는 입장을 보이고 있으며, 9.11 이후의 테러와의 전쟁에 있어서는 이들 지역기구들의 지지를 통해 협력을 도출해 내고자 한다. 그러므로 결국 일본이나 중국의 대외경제협력과 안보협력의 전략과 정책은 기본적으로는 미국의 세계전략 틀 속에서 진행되고 효력을 발휘하고 있음을 알 수 있다. 위의 일본과 중국의 지역주의에서도 본 바와 같이 양국 모두 미국과의 협력을 최우선 순위에 두고 그 하부 전략으로서의 지역주의를 추진하고 있는 것이다.

지난 10여 년간 미국은 자신의 세계전략에 따라 아시아의 지역주의를 지지하는 방향으로 변화해왔으나 미국이 생각하는 아시아 지역주의는 다음과 같은 특징들을 벗어나지 않도록 한정짓고 있다. 첫째는 지역주의와 다자주의의 발전에 대해서는 적극적으로 참여하고 지지할 의사가 있으나 어떠한 지역주의 기구도 기존의 아시아 지역에 존재하는 미국중심의 양자주의적 동맹관계를 대체해서는 안 된다는 것이다. 이는 미국이 발행하는 다양한 문서들, 즉 4년주기 국방검토보고서인 QDR (DoD 1998, 2002)와 국가안보전략보고서 (National Security Strategy) (White House 2006) 등에 반복적으로 명시되어 오고 있다. 그러한 의미에서 아시아의 다자주의는 미국의 동맹체제에 보완적으로 활동할 수 밖에 없도록 선을 긋고 있는 것이다 (Nye 1995). 결국 지역주의에 대한 지지는 미국의 이익에 대한 보완적 유용성이 있음을 가정하고 있는 것이다.

둘째는 미국의 기득권과 이해관계를 고려하지 않는 지역주의에 대해서는 단호히 거부하고 있음을 알 수 있다. APEC과 ARF는 미국의 적극적 참여 속에 진행되어 온 반면, 미국이 배제된 채 진행된 EAEG와 AMF는 출범도 하지 못하고 좌절을 겪었던 것이다. ASEAN+3와 상하이 협력기구(SCO)가 미국이 배제된 채 지금까지 진행되어

올 수 있었던 이유는 이러한 기구들의 활동이 미국의 국익에 직접적인 침해를 초래하지는 않을 것이라는 판단에 따른 것이다 (배긍찬 2006b).

세 번째는 아시아 뿐 만이 아닌 아시아·태평양 지역의 다자주의를 선호한다는 것이다. 미국 스스로도 자국에 대해 태평양 국가라고는 규정하지만 (Nye 1995) 아시아 국가라고는 할 수 없기 때문에 자신의 영향력을 확보하기 위해서는 자신의 참여가 아니라면 적어도 자신과 긴밀한 관계에 있는 호주와 뉴질랜드가 포함될 수 있는 지역적인 틀이 적용되기를 바라고 있다. 일본이 APEC에 있어서도 '열린' 지역주의를 강조하는 이유가 바로 미국의 영향력을 허용할 수 있는 문을 마련할 필요가 있었기 때문이다.

Ⅵ. 동아시아 지역주의에 대한 미·중·일 삼국의 역학관계

다자주의와 지역주의 사이에서 미국의 다자주의 정책의 틀을 벗어나서 진행될 수 있었던 것이 자유무역협정(FTA)이라 할 수 있다. 개별 자유무역협정은 궁극적으로는 지역통합으로 이어질 것이나 개별적 협상에 의해 진행되는 FTA는 다자주의의 틀 밖에 존재할 뿐 아니라 미국이 진행해온 자유무역 레짐과 궤를 같이하고 있는 것이다. 그리하여 지난 수년간 경쟁적으로 진행되어 온 FTA 체결 속에서도 경제 분야의 협력이라는 의미가 경쟁이라는 의미보다 더 다가올 수 있었다. 그러나 일본과 중국이 주변국들과 체결하는 FTA가 경제협력 보다는 경쟁의 의미로써 부각되면서 경제와 안보 분야에서의 서로 다른 정책 기조를 갖는 이중구조가 더 이상 유지되기 어려운 상황에 이르렀다.

중국은 2001년 중국-아세안의 FTA를 제안하였고 2002년에는 "포괄적 경제협력에 관한 협정"을 체결하고 오는 2010년까지 아세안과 FTA를 체결하기로 합의했다 (싱가포르 등 6개국은 2010년, 베트남 등 4개국은 2015년). 베트남과 라오스에 대해서는 최혜국대우로서 누적 채무를 감면해 주었다. 특히 일본이 어려움을 겪는 농산물 분야에 대해서는 중국의 차별적 우위를 부각시키기 위해 2006년까지 우선적으로 관세를 폐지하는 Early Harvest 정책을 채택하기도 하였다. 중국은 이들 아세안 10개국과 이른바 '차프타'(CAFTA :China-ASEAN Free Trade Agreement)를 건설하여 북미자유무역지대(NAFTA)와 EU에 이은 세계 3대 경제권을 구축하겠다는 구상이다. 이는 곧 아세안을 선점하여 아시아 시장의 주도권을 행사하겠다는 것을 의미한다. 중국은 또 한발 나아가 호주와 뉴질랜드 등 오세아니아도 FTA로 묶는다는 전략이다. 원자바오(溫家寶) 총리가 2006년 4월 초 호주, 뉴질랜드를 공식 방문하여 FTA 협상을 제안한 바 있다

이에 맞서 일본은 2002년 11월 일-아세안 포괄적 경제동반자관계(CEP, Comprehensive Economic Partnership)를 선언하고 2003년 12월에는 'ASEAN우호 및 협력조약'에 서명하였다. 여기서 일본이 구상하는 경제동반자 관계란 '동아시아 경제연대협정' (EPA, Economic Partnership Agreement)이라는 개념으로 물류를 중심으로 하는 FTA와 비교하여 투자와 서비스, 지적 재산권, 인적자원 이동의 자유화까지 포함하는 포괄적인 경제협정이라 할 수 있다. 이 협약에 따라 일본은 태국, 말레시아, 필리핀 3개국과는 2004년부터 협상을 시작하였으며, 아세안 국가 전체와는 2012년까지 협상을 마무리 짓는다는 계획이다. 또한 대상 국가는 한국, 중국, 인도, 호주, 뉴질랜드, 아세안 등 16개국이다. 이 계획이 실현된다면 개방적인 다자주의 뿐 아니라 느슨한 형태의 경제공동체가 형성되는 것이다.

일본은 2006년 4월 동아시아 전역을 포함하는 포괄적 자유무역협정을 체결하여 동아시아의 경제를 통합하겠다는 동아시아 경제연대협정 구상을 최종적으로 발표하였다. 2010년까지는 아세안(ASEAN)과 중국, 한국, 인도, 호주, 뉴질랜드와 개별적인 FTA를 맺을 계획이 있다며 이를 동아시아 전역의 자유무역지대로 확대하는 방안을 제안했다. 이 안은 일본정부가 추진하고 있는 '글로벌 전략'의 핵심방안으로서 동아시아 지역통합 과정에서 일본이 주도적인 역할을 담당하면서 중국을 견제하려는 의도가 담긴 것이다. 호주와 뉴질랜드를 포함시킨 데는 미국과의 관계를 고려한 측면과 동시에 영국의 영향력이 저하되는 이 지역에 대해 중국 영향력의 확산을 견제하기 위한 것이다.

이상에서 보는 바와 같이 FTA를 둘러싼 일본과 중국의 움직임이 경제협력의 차원을 넘어서고 있는 것이다. 다른 측면에서 본다면 기능적인 이익에서 출발하여 확산효과를 기대하고 있던 FTA가 협정에 따른 경제적 효과를 경험하기도 전에 정치화의 길을 가고 있으며 정치 분야에서의 견제와 경쟁이 경제 분야로 역확산되고 있음을 알 수 있다. 그 대표적인 예가 2005년 12월에 있었던 동아시아 정상회의(EAS, East Asian Summit)라 할 수 있다.

동아시아 정상회담이란 ASEAN+3의 발전된 형태로서 한국이 주도한 보고서인 동아시아 비전그룹과 동아시아 연구그룹에서 중장기적 목표로서 제시되었던 것이다. 그런데, 중국과 말레이시아가 2004년 갑자기 EAS의 조기실현을 촉구하기 시작하였다. 말레이시아는 1990년 EAEC를 제창하면서, 그리고 1997년 ASEAN+3 정상회의를 출범시키면서 동아시아 지역주의의 선도적인 지위를 공고히 하고자 하였으며, 중국은 EAEC를 지원했던 경력과 미국이 배제된 ASEAN+3의 틀을 확립함과 동시에 동아시아의 지역협력의 주도권을 잡으려는 계산을 가지고 있었다. 특히 중국이 EAS를 ASEAN+3의 안보협력체로 활용하려는 의도를 가지고 있었다는 점이 미국을 자극하였던 것이다 (배긍찬 2006a).

또 한편, 중국과 말레시아의 주도권을 견제하고자 하는 일본과 싱가폴, 인도네시아 등은 조기개최에 대해 회원국 확대 문제를 제기하였고, 미국은 일본과 싱가포르와 함께 전통적 동맹국인 호주, 뉴질랜드와 인도를 참가시키도록 하여 동아시아에서 확대되고 있는 중국의 영향력을 견제하려 한 것이다. 이 국가들은 사실상 중국이 주도하는 ASEAN+3 보다도 EAS에서도 동아시아 공동체 문제를 논의할 수 있게 됨으로서 EAS를 ASEAN보다 상위의 조직으로 만듦과 동시에 ASEAN+3를 무력화하고자 한 것이다. 다음으로, 인도, 호주, 뉴질랜드의 EAS 가입이 확정되자, 중국과 말레시아는 회원국 확대에 대한 반대 입장을 표명하고 그렇다면 회원국을 완전 개방하자는 제의를 하기에 이르렀다. 즉, TAC에 서명하면 미국도 EAS의 회원이 될 수 있으며, 가입을 신청한 러시아와 EU도 대상이 될 수 있다는 입장을 취하였다. 즉, EAS가 자신들이 원하는 협의체가 될 수 없다면 오히려 EAS를 무력화하는 대신 기존의 ASEAN+3의 틀을 유지하려는 계산이라 할 수 있다. 이에 대해 회원국 확대를 요구한 나라들은 회원국 확대의 필요성을 피력하였다. 이로서 이제는 회원국 확대의 문제가 아니라 EAS의 협의체로서의 실효성이 문제가 남게 되었다. 이는 다시 ASEAN+3가 지금까지와 같은 지역주의의 핵심 기구로 남을 수 있을 것인가의 문제로 전환되었다 할 수 있다.

Ⅶ. 결론과 한국의 정책대안

이상의 분석으로부터 다음과 같은 결론을 내릴 수 있다. 첫째, 일본의 지역주의는 미국과의 양자관계를 떠나서는 성립될 수 없으며, 고이즈미 정권 이후에도 이 관계는 더욱 심화될 것으로 보인다. 둘째, 지역주의에 관한 한 중국의 외교적 자율성의 폭 또한 그다지 넓지 않아서 역내 다자주의 내에서 자신의 영향력을 확대하는 범위를 벗어난 정책은 추구하지 않을 것으로 보인다. 셋째, 앞으로는 FTA를 둘러싸고 경제협력의 범위를 벗어난 양국간 경쟁이 진행될 것이다. 당분간은 지역통합과 관련된 분야에서 정치적 경쟁관계가 무역협정의 경쟁과 영향력 확보를 위한 외교적 활동으로 나타날 것이다. 넷째, 양국간 경쟁이 확산되고 치열해 질수록 미국을 배제한 지역통합기구는 제한적인 역할 밖에 기대하기 어려울 것이다. 이는 단순히 미국의 국익확보를 위한 자의적인 개입의 문제가 아니라 일본과 중국의 경쟁의 결과가 미국의 국익을 위협하는 상황에서의 개입이 될 것이다. 이는 결국 미국의 개입 없이는 협력적 지역주의의 발전을 어려울 것이라는 점이다.

이 분석에 의하면 한국이 지역주의 발전에서 일정한 역할을 수행할 수 있는 방안은 바로 미국을 배제할 수 없다는 것과 미국이 참여하지 않는 이상 일중 경쟁은 필연적이라는 데서 찾아야 한다. 결국 한국은 중국과 일본이 협력할 수 있도록 하기 위해 최소한의 미국의 참여 방안을 모색하여야 할 것이다. 한국은 직접 일본과 중국 양국의 경쟁을 중재할 수 없는 국력의 한계가 있는 이상, 한미관계라는 자원을 활용하는 방안이 필요하다고 할 수 있다. 현재 진행중인 한미 FTA가 성공적으로 출범되고 운영된다면 일본이 제시하는 포괄적 자유무역협정과 중국이 추진하고 있는 ASEAN과의 FTA의 절충형태의 사례를 제시할 수 있다. 그 과정에서 한국은 미국을 대신하여 절충안을 제시할 수 있을 것이다. ASEAN 국가들 내부에서도 중국과 일본의 경쟁에 대한 거부감이 있는 이상 최소한의 미국 참여를 보증할 수 있다면 ASEAN의 지지도 받을 수 있을 것이다. 이는 결국 지역통합의 범위를 아시아·태평양으로 확대하는 것을 의미하며 동시에 지역통합에 있어서의 ASEAN의 역할을 인정하는 것이 될 것이다.

지난 10여 년간 진행된 동아시아 지역통합을 위한 노력은 사실상 지역공동체의 기초가 없는 상황에서 새롭게 시작된 거대한 정치적 작업이라 할 수 있으며 지금까지의 경험만으로도 초기인 10여 년 전에는 상상하기 힘들었던 성과라 할 수 있을 것이다. 그러나 이러한 노력 속에서 냉철하게 판단해야 할 부분은 첫째, 많은 다자주의 기구가 제시되고 진행되고 있으나 결과적인 효과와 성과는 기본적인 힘의 분배를 떠나서 이루어지지는 않는다는 현실이다. 둘째는 제도주의적인 과욕은 오히려 역내의 균열을 드러낼 뿐 아니라 확대시킴으로서 역풍으로 작용할 가능성도 배제할 수 없다는 점이다. 셋째, 동아시아에서의 국가주의 중심의 다자주의는 기본적으로 현상유지(status quo)를 벗어날 수 없다는 점이다.

【참고문헌】

김기석. 2005. "동아시아 지역주의와 대외경제정책의 딜레마." 『국가전략』 11(4): 69-98.

문정인. 1999. "김대중 정부의 한반도 평화체제 구축." 『국가전략』5(2): 139-17.

배긍찬a. 2006. "제1차 동아시아 정상회의(EAS) 결과분석: ASEAN+3 정상회의와의 관계설정을 중심으로." 미래전략연구원 개인칼럼.

배긍찬b. 2006. "미국의 동아시아 정상회의(EAS) 참여 전망." 『주요국제문제분석』(IFANS).

진창수. 2005. "일본의 대외경제정책: 일본의 아시아로의 복귀," 『신아세아』 12: 49-71.

홍현익・이대우. 2001. 『동북아 다자안보협력과 주변4강』 성남: 세종연구소.

大辻義弘・白石隆. 2002. "日本・ASEANの拡大FTA(自由貿易協定) を提唱する." 『中央公論』(2002年 2月), pp.68～76.

大庭三枝 2004. 『アジア太平洋地域形成への道程: 境界国家日豪のアイデンテイテイ 模索と地域主義』東京: ミネルブア書房.

高原明生・日本政治学会 編. 2003. 「東アジアの多国間主義ー日本と中国の地域主義政策」『国際政治』133.

田中明彦. 2003. "東アジアと言う新地域形成の試み:ASEAN+3の展開" 東京大學文化研究所編, 『アジア學の將來像』東京大學出版會.

山影進 編. 2003. 『東アジア地域主義と日本外交』日本国際問題研究所.

Acharya, Amitav. 1997. "Multilateralism: Is There An Asia-Pacific Way?" *NBR Analysis*, 8(2): 5-18.

Beeson, Mark. 2003. "ASEAN Plus Three and the Rise of Reactionary Regionalism." *Contemporary Southeast Asia* 25 (2): 251-268.

Bergsten, Fred. 2000. "East Asian Regionalism: Toward a Tripartite World." *The Economist* (July 15th). pp.20～22.

Bergsten, Fred. 1997. *Open Regionalism*. Washington, D.C.: Institute for International Economics.

Bowles, Paul. 2002. "Asia's Post-Crisis Regionalism: Bringing the State Back

In, Keeping the (United) States Out." *Review of International Political Economy* 9(2). 144-170.

Darilek, Richard E. 2000. "East-West Confidence Building: Defusing the Cold War in Europe," in Michael Krepon, et al. eds. *Global Confidence Building: New Tools for Troubled Regions.* Scranton: MACMILLAN. pp.275～290.

DoD. 2002. *Quadrennial Defense Review.*

Economist. July 9, 2005

Far Eastern Economic Review. May 19, 1999.

Fisher, Cathleen S. "The Preconditions of Confidence Building." in Michael Krepon, et al. eds. *Global Confidence Building: New Tools for Troubled Regions.* Scranton: MACMILLAN. pp.260～274.

Friedberg. Aaron L. 2005. "The Future of U.S.-China Relations: Is Conflict Inevitable?" *International Security* 30(2): 7-45.

Green, Michael J. and Benjamin L. Self. 1996. "Japan's Changing China Policy: From Commercial Liberalism to Reluctant Realism." *Survivial* 38(2): 35-58.

Haacke, Jurgen. 2002. 'Seeking Influence: China's Diplomacy toward ASEAN after the Asian Crisis.' *Asian Perspective* 26(4); 13-52.

Hughes, Christopher R. 2005. Nationalism and Multilateralism in Chinese Foreign Policy: Implications for Southeast Asia. The Pacific Review 18(1): 119-135.

Krepon, Michael. 2000. "Conflict Avoidance, Confidence Building, and Peacemaking," in Michael Krepon et al. eds. *Global Confidence Building: New Tools for Troubled Regions.* Scranton: MACMILLAN. pp.1～13.

Leifer, Michael. 1996. The ASEAN Regional Forum, Adelphi Paper. London: IISS.

White House. 2006. *National Security Strategy.*

Nye, Jr., Joseph S. 1995. "The Case for Deep Engagement." *Foreign Affairs* vol. 74: 90-102.

Park, Kun. 2000. "The Reality and the Prospect of Multilateral Security Cooperation in Northeast Asia," *Korea and World Politics* 16(2): pp.39～90.

Pempel, T. J. 2000. "International Finance and Asian Regionalism." The

Pacific Review 13(1): 57-72.

Pekkannen, Saadia M. 2005. Bilateralism, Multilateralism or Regionalism? Japan's Trade Forum Choices. *Journal of Asian Studies* 5: 77-103.

Shambaugh, David. 1996. "China and Japan towards the Twenty-First Century: Rivals for Pre-eminence or Complex Interdependence?" in *China and Japan: History, Trends, and Prospects*, edited by Christopher Howe. Oxford: Clarendon Press. pp.83～97.

Samuel S. Kim ed. 2004. *The International Relations of Northeast Asia.* New York: Rowman & Littlefield Publishers.

자본주의 다양성과 한국의 새로운 발전모델: 민주적 코포라티즘의 조건*

김 인 춘 | 연세대학교 동서문제연구원 연구교수 |

제 1 권

Ⅰ. 서론

1997년 경제위기 이후, 보다 근본적으로는 세계화와 정보화가 심화되면서 기존의 한국 발전모델은 급격히 약화되었다. 동아시아모델의 핵심이자 경제성장을 견인하였던 개발국가(developmental state)[1]는 동아시아 경제위기 이후 변화와 전환의 과정을 밟지 않을 수 없었기 때문이다. 한국의 개발국가는 자본간 조정을 주도하면서 경제발전을 우선적으로 추진하였고 1980년대 중반까지 사회갈등을 권위적으로 관리하고 해결해 왔다. 그 후 민주화와 세계화라는 대내외적 환경변화에

* 이 논문은 한국학술진흥재단 중점연구소(krf-2003-005-B00015) 지원에 의해 이루어졌으며 『한국사회학』 41집 4호 (2007년 8월)에 게재되었다.

1) 발전(주의)국가라는 용어가 일반적으로 쓰였으나 최근 들어 개발국가라는 용어도 많이 사용되고 있다. 이 글에서는 주로 개발국가라는 용어를 사용할 것이나 맥락상 필요할 경우 발전국가라는 용어도 같이 사용될 것이다.

대응하지 못하면서 개발국가 운용의 전제조건이었던 국가의 권위와 자율성은 크게 약화되었고 국가는 '사회갈등의 장'으로 변모되었다. 국가개입에 기반한 성장방식은 1980년대 이후 산업구조의 고도화와 경제구조의 복잡화로 인해 점차 그 유효성이 크게 약화되어 왔으며, 특히 1997년 이후 금융 및 자본시장 자유화, 신자유주의적 시장개혁 등이 이루어지면서 한국의 개발국가체제는 급속히 재편되어 왔다.

그럼에도 한국경제의 전반적인 제도환경은 여전히 재벌중심적 경제체제의 요소가 강할 뿐 아니라, 경제위기 이후 사회복지 등 일부 영역에서 국가의 역할이 커져왔고, 시장보다 국가에 대한 유권자의 기대가 큰 것도 사실이다. 김대중 정부는 시장중심적 개혁을 추진하였지만 정부주도의 산업구조조정정책을 실시하는 등 개발국가적 요소를 활용하였고 노사정위원회의 설립으로 서유럽의 사회적 협의주의(social concertation)를 시도하기도 하였다. 한 쪽에서는 영미형의 신자유주의적 발전모델로의 경도를 강하게 보여주고, 다른 쪽에서는 비자유주의적(non-liberal) 발전모델[2])을 차용하였던 것이다. 노무현 정부가 주장하는 '좌파 신자유주의'가 신자유주의와 좌파적 정책의 혼합형(hybrid)을 의미하는 것이라면, 이는 현재 한국의 발전모델이 신자유주의적 영미모델, 개발국가적 재벌체제, 비자유주의적 모델 등으로 혼재되어 있음을 보여주는 동시에 어느 한 방향으로의 합의나 전환 또한 어렵다는 것을 보여주고 있다.

발전모델이란 한 국가의 발전을 담보할 경제시스템과 사회시스템의 작동방식을 의미하며 성장모델 또는 사회(경제)모델로도 불린다. 발전모델의 유형은 연구자에 따라 다양하게 구분되어 왔으나 주로 영미형, 유럽형, 일본형 또는 동아시아형 등으로 나누어져 왔다. 개발

---

2) 비자유주의적 자본주의 모델은 독일, 일본 등 미국의 자유자본주의 모델과 다른 자본주의 모델을 의미한다(Streeck & Yamamura 2001; Ebbinghaus & Manow 2001).

국가를 핵심으로 하는 동아시아모델은 경제시스템이 강력하고 사회시스템이 종속적인 위치를 갖는 불균형을 보여 왔으나 국가의 개입으로 효율적인 경제성장 달성에는 성공적이었다. 동아시아의 경제적 성공은 '기적'으로까지 불리며 세계적인 주목을 받았고, 특히, 아시아적 가치와 정부-기업간 협력관계는 경제기적의 중요한 요인으로 평가되었다. 그러나 1997년 동아시아 경제위기가 발생하자 정부-기업간 관계는 불투명한 유착관계로, 아시아적 가치관은 시대착오적인 것으로 평가절하되었다. 특히, 한국에서는 1997년 경제위기와 정권교체가 동시에 이루어지면서 기존의 개발국가 중심의 발전모델은 논란과 극복의 대상이 되면서 급격한 개혁과 재편을 겪어왔다.

현재 한국의 발전모델은 교착상태에 빠져있다. 개발국가는 쇠퇴하였고 새로운 제도들이 도입되었음에도 발전모델의 전환은 제대로 이루어지지 못하고 있다. 영미모델이든 유럽모델이든, 또는 개발국가의 쇄신이든, 발전모델의 전환은 노동시장과 노사관계, 기업지배구조, 복지, 국가역할 등 기존의 제도들에 대한 근본적인 변화를 요구하고 있다. 경제위기 이후 한국의 발전모델은 제도와 성격에서 중요한 변화가 이루어지기는 하였으나 제도간 연계와 보완성이 약할 뿐 아니라 이해관계자들간의 갈등으로 제도적 변화가 왜곡되어 왔다. 부분적인 제도의 변화를 넘어 종합적이고 근본적인 모델 개혁이 필요한 시점이라 할 것이다. 개혁의 범위와 방향에 대해서는 부분적으로 또는 전체적으로 다양한 주장들이 제기되어 왔다. 중요한 것은 이론적으로나 실제적으로 가능한 새로운 발전모델은 경제성장, 복지, 형평성 등의 가치를 실질적으로 구현할 수 있는 것이어야 할 것이다. 이 과정에서 성장 및 분배방식을 둘러싼 사회세력간 권력관계, 국내정치와 해외 자본과의 관계, 그리고 국가의 대응전략 등이 새로운 발전모델의 성격에 중요한 영향을 미칠 것으로 보인다. 이에 자본주의 다양성 이론에 기초하여 한국 발전모델의 개혁에 관한 논의는 실현가능한 모델에 대한 구체적 분석에 중요한 기여를 할 것이다. 발전모델의 개혁에 대한 모색은 동아시아모델의 극복 또는 쇄신에도 중요한 함의를 제공할 것으로 보인다. 이 연구는 한국의 개발국가 성격이 어떻게 변화해 왔으며 이에 따라 새로운 발전모델[3)]이 어떤 방향과 내용으로 전개되어야 할 것인지에 관심을 갖는다. 한국의 새로운 발전모델을 검토하기 위해 자본주의 다양성 또는 발전모델의 다양성에 대한 이론적 분석과 유럽 강소국의 경험적 분석을 통한 비교제도론적 방법을 사용하고자 한다. 따라서 제도의 경로의존성과 발전모델의 특수성을 분석하면서 제도 발전의 다양한 변화 또는 변화 가능성을 검토하게 될 것이다.

Ⅱ. 다양한 발전모델: 자본주의 다양성

최근 들어 학계에서 한국의 발전모델의 진로에 대한 논의가 활발히 진행되고 있다(이정우 2005; 임현진 2006; 이병천 2005; 신정완 2005; 박길성 2003; 정건화 2006; 조형제 정건화 이정협 2006). 개발국가가 쇠퇴하고 세계화가 심화되는 국내외의 환경이 최근의 사회경제적 이념 및 정책 변화와 맞물려 논란을 야기하고 있기 때문이다. 또한, 세계화가 경제와 제도를 하나의 모델, 즉 신자유주의로 수렴시킨다는 자본주의 수렴화 이론과 지역 또는 국가간 자본주의의 다양성이 지속된다는 자본주의 다양성 이론이 대립하면서 제도 변화를 둘러

3) '새로운' 모델이라는 것은 변화 또는 개혁을 통해 발전된 모델을 의미하는 것이지 현재와 완전히 다른 별개의 모델을 의미하는 것은 아니다. 이 논문의 이론적 배경인 자본주의 다양성 또는 제도의 경로의존성은 제도나 모델의 지속, 변화, 발전에 주목하고 있다.

싼 논의가 사회과학의 중요한 주제가 되고 있기 때문이다(Streeck & Thelen 2005). 발전모델을 둘러싼 논의란 '발전'을 위해 어떤 유형과 제도의 사회·경제시스템을 채택할 것인가를 말하는데, 〈표 1〉에서처럼, 주로 영미모델[4], 유럽모델, 동아시아모델이 그 대상이 되어왔다.

〈표 1〉 발전모델의 유형

유형	영미모델	유럽사회모델		동아시아모델
		대륙모델	북구모델	
기본 개념	미국식 신자유주의	복지국가 강조	복지국가 강조	제한적 사회복지/ 부분적 신자유주의
경제정책 방향	정부개입 최소화/ 경쟁촉진	사회형평 우선시	사회형평 우선시	정부개입주의
성장·분배	성장 중시/ 잔여적 사회보장제도	분배중시/ 고용연계 사회보장제도	분배중시/ 보편적 사회보장제도	성장중시/ 잔여적 사회보장제도
노동정책	기업 위주/ 탈규제 유연노동시장	노동 위주/ 규제된 경직노동시장	노동 위주/ 규제된 유연노동시장	기업 위주/ 이중 노동시장
임금협상	기업별 협상	산별협상	산별 전국적 협상	기업별 협상
사회적 조정 또는 합의	사회적 합의(조정) 없어	약한 노사정 합의	제도화된 노사정 합의	국가-자본 중심 조정
대표적 사례	미국, 영국, 아일랜드	프랑스, 독일	덴마크, 스웨덴, 노르웨이, 핀란드, 네덜란드	한국, 일본, 대만

4) 영미모델(Anglo-Saxon model)이란 엄밀히 말해서 미국모델(the American model)을 지칭한다. 미국모델이란 시장의 자유와 경쟁, 모험을 최대한 보장하는 미국식 자본주의에 기반하며 기회의 평등을 보장하나 결과의 불평등을 용인하는 경제·사회시스템을 말한다. 그러나 최근 들어 미국모델이 자랑해온 기회의 평등이 크게 약화되고 있다는 주장이 빈번히 제기되고 있다. "Inequality and the American Dream" in *The Economist* (June 17, 2006) 참조.

발전모델은 자본주의 다양성 이론과 밀접히 연계되어 있다. '자본주의 다양성(varieties of capitalism)'은 선진 자본주의 국가의 유형과 특징을 설명하는 이론으로 특히, 복지국가론, 생산체제론, 시장경제론, 개방대응론, 기업지배구조론 등이 큰 주목을 받아왔다(Kitschelt et al. 1999; Hall & Soskice 2001).5) 이 이론은 시장과 국가의 이분법이 아니라, 다양한 시장경제 유형을 분석하는데 초점이 두고 있다. 이 이론은 시장경제의 여러 형태를 보여줄 뿐 아니라, 연구의 관심분야에 따라 시장경제 유형이 각각의 유용성을 갖는 장점을 지니고 있다. 자유시장경제와 조정시장경제라는 이념형에 제한되지 않고 다양한 정치경제제도를 문화·역사적 측면까지 확대하여 이해할 수 있기 때문이다. 〈표 2〉에서 볼 수 있듯이, 각 유형의 유용성은 연구자가 설명하고자 하는 것이 무엇이냐에 달려있다.

에스핑 안델센(Esping-Andersen, 1990)은 선진 자본주의체제를 세 가지 복지국가 유형으로 분석하였다. 복지제도의 포괄성, 보편성, 관대성을 기준으로 한 탈상품화의 정도에 따라 사회민주주의 복지국가, 기독민주주의 (또는 보수적) 복지국가, 자유주의적(또는 잔여적) 복지국가로 구분하였다. 생산체제론(production regimes)은 선진 자본주의체제를 조정시장경제(coordinated market economy, CME) 와 자유시장경제(liberal market economy, LME)로 유형화하고 있다(Soskice 1999). 조정시장경제는 다시 유럽대륙의 산업부문별 조정시장경제, 북유럽의 국가 차원의 조정시장경제로 나누어진다. 비조정시장경제는 비시장적 조정이 거의 없는 자유시장경제체제를 말한다. 개방대

5) 이외에도 기업금융시스템에 따라 시장중심(market-based)/은행중심(bank-based)으로 구분하거나(Zysman 1983), 주주자본주의/이해관계자 자본주의 유형(Hutton, 2002) 등이 있다. 사회경제시스템을 영미모델, 사민주의모델, 동아시아모델, 유럽대륙모델, 남부유럽모델로 유형화한 B. Amable(2004)이론도 주목받고 있으나 기존의 자본주의 다양성 이론과 유사하다.

응론은 경제개방에의 대응방식에 초점을 두고 이익집단조직 및 관료의 역할에 따라 자유주의적 대응방식, 국가주의적 대응방식, 코포라티즘 대응방식으로 구분하였다(Katzenstein 1985). 카젠스타인은 코포라티즘 방식을 분석한 결과, 2차 대전 후 개방경제체제를 갖는 '작은 국가들'에서 노동과 자본은 임금억제에 합의함으로써 국제경쟁력을 향상시키고 국가는 복지정책을 통해서 노동측에 국내적 보상을 보장해왔음을 보여주었다.

시장경제체제론은 시장경제를 사회적 시장경제와 자유시장경제로 구분한다. 사회적 시장경제는 다시 노르딕 사회적 시장경제와 대륙형 시장경제로 나누어진다(Pontusson 2005). 시장경제체제론은 유형별 국가군이 상호 중복된다는 점에서 에스핑 안델센의 복지국가 유형론에 가깝다. 그러나 이론의 구체적 내용에서는 생산체제론과 유사하다 할 것이다. 생산체제론은 기업 및 정치경제적 주체들이 집단행동의 문제를 극복하고 상호호혜적인 협력을 위해 그들의 행위를 조정할 수 있는 역량의 유무 또는 역량의 성격에 초점을 두고 있다. 조정시장경제 체제에서 말하는 '조정'이란 '비시장적 조정양식' 또는 '전략적 조정'을 의미한다. 시장경제체제론은 조정보다 제도적 형태를 강조하고 있는데, 사회적 시장경제의 경우 노동과 자본의 조직수준이 높고 제도화된 단체교섭, 그리고 공적 사회복지제도와 고용보호제도가 그것이다. 이 두 이론이 유사한 이유는 제도와 조정간 상관관계가 크기 때문인데, 이는 제도가 구축되어야 조정 수준이 높아질 수 있기 때문이다.

자본주의 다양성 이론의 주요 관심사 중 하나는 기업지배구조이다. 기업지배구조론은 기업에 대한 소유와 통제, 즉 경영권 관계의 관점에서 자본주의 유형을 분석한 것으로 외부분산주주모델(diffuse shareholder 또는 stockholder)과 내부지배주주모델(concentrated blockholder)

로 구분하고 있다. 분산주주모델에서는 지배주주가 없으며 소유와 통제가 분리되어 있는 기업지배구조로써 미국식 모델의 핵심요소이다. 지배주주모델은 내부오너가 존재하고 소유와 경영이 연계되어 있는 기업지배구조로써 금융기관 또는 기업이 큰 지분을 갖는 형태, 가족 또는 친지네트워크 형태, 국가소유형태로 구분되고 있다. 지배주주모델은 유럽, 아시아, 남미 등 대부분의 나라들에서 채택되고 있다. 기업지배구조 이론에서 본다면, 지배주주모델이 일반적이고 미국식 분산주주모델은 오히려 '특수한(unusual)' 유형이라고 한다(Gourevitch & Shinn 2005). 각 국가의 기업지배구조는 그 나라의 독특한 정치, 경제, 문화, 사회적 환경에 따라 진화・발전해 왔기 때문에 기업지배구조의 다양성이 지속되고 있으며 기업지배구조간 비교우위도 찾기 어렵다고 한다(Roe 2003; Lazonick 1993). 이러한 기업지배구조론은 미국의 자유자본주의와 서유럽 및 일본의 비자유주의적 자본주의 유형(Streeck & Yamamura 2001), 또는 미국의 주주자본주의와 서유럽 및 일본의 이해관계자(또는 참여)자본주의 유형(Hutton 2002, Kelly & Gamble 1997)과 매우 유사하다고 볼 수 있다.[6)]

세계화시대에 자본주의 다양성은 오히려 더 두드러지고 있다. 자유시장경제가 더 신자유주의적으로 발전하고 있는 반면, 조정시장경제는 탈규제보다 오히려 자국 제도의 안정성과 비교우위성을 극대화하고 있기 때문이다. 세계화는 많은 나라들에게 노사협력과 정책결정에서의 조정을 더 요구하고 있으며 이에 따라 사회협약의 범위가 확대되고 재분배를 추구하는 세력연합과 생산성을 강조하는 세

---

6) 이해관계자 자본주의는 현실사회주의 몰락 이후 이른바 '자본주의 vs. 자본주의' 논쟁이 시작되면서 새롭게 부상한 개념으로, 시장은 권리와 도덕적 의무를 동시에 갖는 사회적 제도라는 인식에서 출발한다. 시장의 사회적 책임성을 강조하고 자본의 구조적 권력에 대한 견제장치를 제도화하고 있다(Albert 1993).

력연합 사이에 밀접하고 유연한 연계가 이루어지고 있는 것이다. 이러한 과정에서 노조는 여전히 조직적 역량을 보이고 있으며 유럽의 조정시장경제 국가들은 임금조정 등 비교제도우위성(comparative institutional advantage)을 극대화하기 위해 노력하고 있는 것이다. 고용주와 노조, 정부는 각각 국제경쟁력을 강화하기 위해, 정책결정과정에의 접근권을 지키기 위해, 그리고 자국 제도의 경쟁적 이점을 극대화하기 위해 초계급적 연합 또는 경쟁적(competitive) 코포라티즘을 지속시키고 있는 것이다(김학노 2006; Hall & Soskice 2001).

〈표 2〉 선진자본주의 국가 유형론(자본주의 다양성 이론)

이론	주요 기준(변수)	유형		주요 국가
복지국가론	복지제도의 탈상품화 정도 (보편성, 포괄성, 관대성)	사민주의 복지국가		스웨덴, 노르웨이 덴마크, 핀란드
		보수적 복지국가		독일, 오스트리아 네덜란드, 일본
		자유주의적 복지국가		미국, 한국
생산체제론	기업 및 정치경제적 주체간의 조정	조정 시장 경제 체제	전국적 조정시장경제	스웨덴, 노르웨이 덴마크, 핀란드
			부문별 조정시장경제	독일, 오스트리아 네덜란드, 스위스
			계열별 조정시장경제	일본, 한국
		비조정 시장경제		미국, 캐나다
시장경제론	제도의 형태: 자본의 조직화, 강한 노조와단체협상의 제도화, 복지와 고용보호	사회적 시장 경제 체제	노르딕 사회적 시장경제	스웨덴, 노르웨이 덴마크, 핀란드
			대륙형 사회적 시장경제	독일, 오스트리아 네덜란드, 스위스

<table>
<tr><td></td><td></td><td colspan="2">자유주의적 시장경제</td><td>미국, 캐나다</td></tr>
<tr><td rowspan="4">개방대응론</td><td rowspan="4">이익집단의 조직 및 국가관료의 역할</td><td colspan="2">국가주의적</td><td>일본, 한국</td></tr>
<tr><td colspan="2">민주적 코포라티즘</td><td>스웨덴, 덴마크, 노르웨이, 오스트리아, 스위스, 네덜란드</td></tr>
<tr><td colspan="2">자유주의</td><td>미국</td></tr>
<tr></tr>
<tr><td rowspan="4">기업지배구조론</td><td rowspan="4">소유와 통제 관계 및 주주의 형태</td><td rowspan="3">내부지배주주모델</td><td>금융기관오너</td><td>독일, 일본</td></tr>
<tr><td>가족오너 모델</td><td>한국, 스웨덴, 네덜란드</td></tr>
<tr><td>국가소유모델</td><td>프랑스</td></tr>
<tr><td colspan="2">외부분산주주모델(외부오너)</td><td>미국</td></tr>
</table>

자본주의 다양성 관점에서 볼 때 한국은 동아시아모델을 기반으로 영미형과 유럽형의 성격이 가미되어 있다. 잔여적 복지국가에서 영미모델의 특징이 있고, 생산체제론에서 한국은 일본과 함께 계열별 조정시장경제(group coordinated)라는 조정시장경제의 특징을 보여왔다.[7] 시장경제론에서 보면 한국은 일본과 함께 사회적 시장경제체제도, 자유시장경제도 아닌 국가주도의 동아시아모델이었다.[8] 이러한 특징은 이익집단의 조직 및 국가관료의 역할을 주요 변수로 한 개방대응론에서 한국과 일본이 국가주의적 유형에 포함되는데서

7) 그러나 IMF 개혁 이후 자본간 조정시스템이 크게 약화되었다.

8) 그럼에도 한국의 개발국가는 노동배제적이고 권위주의적 동원체제의 성격을 가짐으로서 일본의 민주적 발전국가모델과도 구분되는데, 일본에서는 사용자가 복지제도의 발전에 참여하였다(장하준 2004; Manow 2001).

도 확인되고 있다. 기업지배구조론에서 볼 때 한국은 대표적인 가족오너모델로써 미국의 분산주주에 의한 외부지배모델과 구분되는 대주주의 내부지배모델에 포함된다. 기업금융시스템에 따른 시장중심체제와 은행중심체제 유형에서도(Zysman 1983)[9] 한국은 은행중심체제에 속한다. 1997년 경제위기까지 전형적인 은행중심 체제였기 때문이다. 1998년 이후 금융개혁으로 기업금융시스템이 시장중심으로 이동하면서 주식, 채권 등 자본시장의 역할과 비중이 커진 것은 사실이지만 미국과는 여전히 큰 격차가 있다. 거시적인 경제사회시스템 뿐 아니라 미시적인 기업지배구조, 기업금융시스템에서도 한국은 미국모델과의 친화성이 미약함을 볼 수 있다.

IMF 개혁 이후 한국에서 자주 논의되는 주주자본주의와 이해관계자 자본주의의 유형에서 볼 때, 한국은 이해관계자 자본주의도 아니지만 주주자본주의로 전환되었다고 보기도 어렵다. 가족오너체제가 온존해 있을 뿐 아니라 관치금융의 개혁 및 자본시장의 개방만으로 주주자본주의라 하기는 어렵기 때문이다.[10] 1990년대 이후 한국의 경제사회시스템은 합리적인 시장규칙을 강조하는 규제국가를 지향해 왔다.[11] 규제국가는 기본적으로 시장의 중심적 역할과 효율성을

9) 미국은 시장중심 체제를 대표하고 독일은 은행중심 체제를 대표하고 있다.

10) IMF 개혁으로 주주자본주의를 위한 자본시장의 완전 개방이 이루어졌다. 하지만 한국의 대기업들은 적대적 M&A에 대응하여 경영권 방어를 위한 조치, 즉 현금확보, 주가관리, 자사주 매입 등에 역량을 집중하였다. 이에 따라 자본시장은 투자를 위한 자본조달 기능을 별로 하지 못하였고, 경제의 성장 잠재력이 훼손되는 결과를 초래하였다.

11) 일반적으로 규제국가(regulatory state)란 영국에서 1970년대의 경제위기로 기존의 체제가 위기에 직면하고 1980년대와 90년대 시장 자유화와 민영화를 추진하면서 등장한 새로운 성격의 국가를 지칭하였다. 영국의 규제국가에 대해서도 자유주의적 국가라는 주장과 개입주의적 국가라는 주장이 있다(Moran 2003). 한국과의 비교 관점에서 볼 때, 1983년 이후 규제국가에 의한 시장중심 개혁과 개입주의 국가가 공존해온 프랑스 사례는 시사하는 바가 크다(Levy 2005). 규제국가는 미국의 국가를 지칭하는 개

전제하고 있다. 시장의 규율기능 회복과 공정한 경제행위를 위한 제도개혁은 모든 자본주의 시장경제시스템에 필요한 요소이며, 따라서, 이러한 시장개혁이 미국식 모델로의 이행을 자동적으로 의미하는 것은 아니다. 규제국가는 그 성격에 따라 발전모델의 한 요소가 될 수는 있으나 그 자체로는 발전모델이 될 수 없다 할 것이다.

Ⅲ. 한국 발전모델의 변화와 전환의 과제

1. 개발국가의 변화와 전환

1960년대 이후 급속한 경제발전을 주도했던 관료 주도의 개발국가는 1980년대 후반부터 지속적으로 약화되었고 1997-98년의 경제위기로 위기에 직면하게 되었다. 한국의 발전모델은 경제위기 이전에 낮은 투자 효율성, 금융부문의 낙후, 정경유착, 소득분배 불균형, 전투적 노조의 출현 등 압축성장의 구조적 문제를 안고 있었다. 이러한 상황에서 국제적 자본이동의 심화는 한국과 같이 대외적으로 취약한 경제구조를 가진 나라를 쉽게 위험에 빠지게 만들었다. 개발국가의 시장개입 방식의 한계에 대한 대응으로 한국의 국가는 1980년대 후반 이후 점차적으로 발전모델의 재편을 모색하여 왔다. 경제자유화와 대외개방에 순응하면서도 기술집약적 산업구조조정과 거시경제 관리에서 국가의 역할을 지속시키는 '연성화된 개발국가' 또는 '국가 우위의 개입주의적 규제국가'[12]를 지향하고자 했다. 그

념에서부터 유럽식 이익조정 국가까지 포괄한다. 더구나 미국 국가에서도 작은 정부 뿐 아니라 강력한 정부의 적극적 역할을 강조하는 해밀턴주의도 규제국가로 지칭한다.

12) '연성화된 개발국가', '국가 우위의 개입주의적 규제국가', '제한적 개발국가'는 모두 개입주의적 개발국가의 생존을 전제로 시장중심개혁을 의미하

러나 발전모델의 재편 및 전환 과정은 국가의 의도대로 순탄하게 진행되지는 않았다. 관치금융 등 개발국가의 구조적 문제가 심각한데다 국가의 정책대응 실패와 제도적, 정책적 역량의 한계로 1980년대 후반 이후 개발국가모델이 약화되기 시작하였다. 급격한 정치적 민주화로 국가의 힘, 또는 자율성이 크게 약화되어 새로운 제도적 변화와 발전을 추동해내지 못하였다. 또한 1980년대에 진행된 경제자유화 개혁에 따라 대기업의 자율성이 강화되면서 개발국가의 도구적 정당성도 약화되어 갔다(우정은 1999). 1993년에 등장한 김영삼 정부는 국가의 시장조정 수단이었던 산업정책을 포기하고 세계화정책을 급속히 추진하였다. 그러나 발전모델의 전환을 둘러싼 국가와 사회세력간의 대립과 갈등으로 김영삼 정부 후반에 이르러 개발국가는 결정적으로 약화되었고, 제도적인 준비가 부족한 상황에서 추진된 세계화정책은 외환위기를 초래한 중요한 한 요인이 되었다.

정치사회적 측면에서 볼 때, 성공적인 경제성장은 한국의 권위주의체제를 무너뜨리는데 결정적으로 기여했다. 개발국가가 창출한 고도 경제성장은 민주화 이행에 유리한 사회구조적 조건을 점진적으로 창출함으로써 시민사회에 대한 국가의 자율성을 약화시키는 결과를 가져왔다. 역사적으로 자본주의적 발전은 중간계급과 시민사회를 활성화하고 이들의 정치적 영향력과 집단행동을 증대시킴으로써 민주주의의 발전과 밀접한 관계를 보여 왔다.[13] 그러나 민주화 이후 정치사회적 불안정성은 오히려 증대되었다. 사회 각 분야에서 민주

는 것이다. 이는 기본적으로 시장의 조정 또는 관리에 초점을 둔 유럽형 모델로서 최소한의 개입에 기반한 영미형의 '신자유주의적 규제국가'와 대비된다. 그러므로 개발국가는 국가개입의 측면에서 영미형보다 유럽형에 친화성이 더 있다고 할 것이다. '국가 우위의 개입주의적 규제국가'가 민주화된다면 유럽형 개입주의적 규제국가와 가까워질 수 있는 것이다.

13) 역사적으로 자본주의와 민주주의의 결합은 자연스럽고 바람직한 것으로 인식되었는데, 부르주아 혁명이 이를 반영하고 있다.

화의 진전은 노사관계의 합리화와 국민의 사회경제적 권리에 대한 국가의 책임성을 부각시켰지만 민주화 이후 안정적으로 제도화되지 못한 정치적 경쟁은 국가능력을 급격히 제약하여 사회갈등의 조율과 조정 기능을 약화시켜 오히려 갈등을 증폭시켜 왔다. 1980년대 후반 이후 한국은 국가기구의 자율성과 능력의 감소로 재벌부문을 효과적으로 통제하지 못했고, 민주화 이행에도 불구하고 민주적 개혁의 부재로 국가정책의 사회적, 민주적 기반을 확립하지 못하였다. 이로 인해 시장 자유화로의 발전모델의 부분적 전환은 재벌이익에 부합되는 신자유주의적 규제국가로 귀결되는 결과를 가져왔다(이병천 2005; 최장집 2005).[14] 그러나 바로 이러한 연유로 경제위기의 범위와 강도, 그 후유증은 포괄적이고도 심대하였다.

경제위기 직후 집권한 김대중 정부는 손상된 국가의 정책수단들과 제도들을 재정비함으로써 국가를 다시금 경제운용의 중심행위자로 부각시키고, 재벌의 영향력을 줄여 신자유주의적 규제국가를 약화시키고자 하였다. 경제 구조개혁을 통해 제조업의 국제경쟁력 강화와 지식정보산업의 육성을 추진하였고, 구조조정에서 비롯된 대량실업 문제를 해결하기 위해 사회안전망을 확충하고 공공사업 등을 통한 고용창출 과정에서 국가의 역할은 확대되었다. 이러한 시도는 국내외적으로 많은 논쟁을 유발하였고 주요 사회세력간 대립과 갈등을 초래하기도 하였다. 국가개입적 사회정책을 강화하게 되자 김대중 정부의 반시장적, 좌파적 성격을 제기하는 주장도 나타났다. 과거 개발국가에서와 같이 민간금융기관은 여전히 정부의 정책실현 수단으로 이용되었다. 그러나 경제체제는 영미형 자유시장경제

14) 실제로 한국 경제체제의 근본적인 변화는 1980년대 초반부터 이루어졌다. 정부개입의 축소와 민간주도 경제를 강조하면서 경제자유화와 부분적인 금융자유화 조치가 진행된 것이다. 이 과정에서 금융시장의 개방을 꾸준히 요구해온 미국 요인도 중요했다.

(LME) 체제로 급속히 전환되었다. IMF의 급진적 개혁 과정에서 근본적으로 시장에 순응하는 '시장지향국가'로 변화하였기 때문이다(김윤태 2001).

자본시장과 노동시장, 기업개혁 부문에서 자유시장경제의 성격이 두드러졌는데, 이로 인해 노동계나 진보진영에서는 김대중 정부를 신자유주의정부라고 부르기도 하였다. 그 결과, 한국의 발전모델은 1997년 이후 노동과 자본시장의 신자유주의화로 외형적으로는 주주자본주의가 되었지만 내용적으로 여러 모델의 다양한 제도들이 혼재하게 되었다. 신자유주의적 정책지향이라고 하지만 한국의 발전모델은 국가주의적 성격을 존속하고 있다는 점에서 모순적 성격을 보여왔다. 시장과 자본의 자유화도 국가에 의해 추동되었으며 국가의 주도성은 위기극복이라는 명분 하에 유지되었던 것이다(이연호 2002; 박병영 2005). 전체적으로 기존의 개발국가는 쇠퇴하였지만 정책운용의 국가주의적 성격이 남아 있었을 뿐 아니라 노사정위원회라는 새로운 조정시장경제의 성격이 덧붙여졌다. 한국의 개발국가가 미국식 신자유주의로 쉽게 전환되기 어려운 것도 개발국가의 국가주의가 미국식 시장주의와 본래적으로 그 성격이 상이하기 때문이다. 기존 개발국가의 쇠퇴와 외환위기가 국내외의 자본주의 발전단계에서 발생한 과정과 부작용이라면 오히려 이를 계기로 국가의 역할과 개입을 재조정 또는 재배치하여 시장지시에서 시장을 지원하는 개혁을 추진하고 사회투자, 사회적 조정, 사회안전망 등 새로운 개입영역을 찾아내는 '제도의 창조적 파괴'(Levy 2005)를 추진할 수 있었을 것이다.

이러한 맥락에서 노사정위원회를 중심으로 한 노동정책이 노사계급타협을 성공적으로 이끌었다면 '사회 코포라티즘적 발전국가'(Evans 1995)가 가능했을 수도 있었을 것이다. 이론적으로 산업정책에 성공한 개발국가가 노동참여의 제도화를 보장할 경우 분배를 촉진하여 사회 코포라티즘 유형으로 발전될 수 있기 때문이다. 노사정위원회의 불안정한 권한과 위상에도 불구하고 비자유주의적 성격의 새로운 사회경제시스템의 제도화가 시도된 것에 의미를 부여할 수 있을 것이다. 노무현 정부 이후 실질적 민주화를 요구하는 다양한 사회세력의 욕구와 참여가 분출되면서 한국사회는 각 부문과 제도를 급진적으로 민주화, 선진화해야 하는 상황에 처해 있다. 사회적 합의를 바탕으로 성장과 분배가 효율적으로 이루어질 수 있는 사회경제시스템의 창출이 그 어느 때보다 절실해지고 있는 것이다. 성장과 분배의 동시적 추구, 경제 및 사회의 민주화, 고용과 복지 등의 가치를 내포한 시스템의 구축이 그것이다. 지난 10여년 동안 신자유주의적 개혁에도 불구하고 한국이 영미식 시장주의로 쉽게 전환되지 못하고 있는 이유가 여기에 있다고 할 것이다. 이 연구에서 모색하는 한국의 새로운 사회경제모델은 우리의 사회문화적 정체성에 기반하여 선진화되고 민주화된 제도를 구축하는 것이다. 아시아적 또는 한국적 정체성에 기반하면서 이러한 가치를 추구하는 시스템의 구축은 동아시아 발전모델을 한 단계 높여 동아시아모델의 쇄신 또는 재편을 가능하게 할 수도 있을 것이다. 최근 일본모델은 노사신뢰를 바탕으로 원래의 일본시스템의 효율성을 높이며 쇄신해 나가고 있음을 볼 수 있기 때문이다(정건화 2006; Vogel 2006).

2. 새로운 발전모델의 필요성과 과제

1997년 경제위기와 그 이후의 경제적 환경변화, 주요 정치사회세력의 교체와 갈등 과정에서 새로운 발전모델의 필요성이 크게 부각되었다. 물론, 다수의 주장은 자본주의적 세계화에 적극적으로 동참하고 효율적인 영미모델에 바탕하여 사회경제적 발전의 재도약을 이루어야 한다는 것이다. IMF 개혁 하에서 신자유주의적 경제정책은 신속하게 도입되었고, 영미모델 또한 한국의 개발국가와 마찬가지로 노동배제적이며 선성장·후분배를 지향하는 발전모델이기 때문이다. 더구나, 수출기업의 대외경쟁력도 강화되었다. 이로 인해 영미모델로의 전환은 매우 용이해 보였다. 그러나 바로 이러한 점 때문에 영미모델에 대한 부정적 시각과 반발 또한 만만치 않게 제기되어 왔다(전창환 조영철 2001; 장하준 정승일 2004). 1990년대 이후 분배와 사회정의에 대한 유권자의 관심과 욕구가 커져왔고, 실제로 상대적으로 진보적인 성격의 정부가 등장하여 노동에 대한 사회적 시민권을 부여하고 사회경제적 민주화에 대한 정책의지를 보여 왔기 때문이다. 특히, 한국의 정치적 민주화는 노동계급 및 중간계급의 저항과 도전으로 가능했기 때문에 민주화의 진전은 국가의 성격에도 큰 영향을 미쳐왔다.[15] 한국에서 민주화로의 이행은 개발국가의 위기에 중요한 영향을 주었는데, 민주화는 정치영역 뿐 아니라 사회경제영역에도 중요한 영향을 미쳐 경제성장 못지않게 분배와 산업민주화, 경제민주화도 국가가 담보해야할 정책기조이자 정당성의 근거로 부각시켰기 때문이다. 재벌규제, 경제력 집중 억제 등의 경제민주화 압력은 이전의 지배연합이었던 정부-재벌, 정치-재벌의 유착 고리를 거의 끊어 놓았다. 또한 국가정책에 대한 유권자, 의회정치, 다양한 사회세력의 영향력이 커짐에 따라 경제 · 사회정책의 수립과 집행과정에서 국가관료기구의 선도성과 자율성도 약화되었다. 국가의 정책수립 및 집행과정에 정치논리, 즉 사회적 형평성의 논리가 중요해진 것이다. 과거 모델의 주체가 단순하면서 강력했다면, 새로운 모델의 주체는 너무나 많았지만 어느 누구도 확실한 추동력을 갖지 못한 모순이 있었다. 이러한 상황에서 자본진영은 향상

---

15) 노무현정부 하에서는 이러한 현상이 더욱 심화되고 있는 것으로 보인다.

된 대외경쟁력에 기 민주화 기류에 편승하여 규제완화, 경제자율화, 민영화 등을 강력하게 요구하게 되었다(정진영 2000;윤상우 2001).

결국, 한국의 정치적 민주화 과정은 경제사회적 민주화의 문제를 제기해왔으며 이러한 변화는 발전모델의 근본적 전환의 계기가 되었다. 실제로, 1990년대 이후 한국의 경제사회시스템은 개발국가로부터 벗어나 합리적인 시장규칙을 강조하는 규제국가를 지향해 왔다. 세계화 이후 규제국가가 등장하면서 대부분의 선진자본주의 국가에서 시장의 자유화가 확대되어 왔지만 시장질서를 보호하고 규제를 완화하는 성격을 갖는 개입주의적 규제국가는 국가의 개입을 최소화하는 영미식 신자유주의적 규제국가와는 중요한 차이가 있다. 개입주의적 규제국가가 경제의 자유화와 민주화를 동시에 추구한다면, 영미식 신자유주의적 규제국가는 시장의 자유화를 최우선하기 때문이다. 유럽의 강소국들과 일본에서 볼 수 있듯이, 개입주의적 규제국가는 기본적으로 민주적 규칙이 지켜지는 시장개혁을 통해 경제의 자유화와 민주화 수준을 높임으로써 신자유주의적 도전과 부작용을 이겨내는 것이다. 경제 자유화와 민주화가 동시에 진행되고 있는 한국에서 시장개혁의 목표는 관치경제의 극복과 과거 개발국가의 지배연합 구조를 해체하는 것이고 이를 통해 산업정책의 효과성을 높이고 투자의 효율성을 제고하는 것이다. 또한 경제의 자유화와 민주화는 사회의 주요 이해관계자들의 참여를 가능하게 할 수 있다. 이해관계자들의 참여는 사회 전체에 책임과 규율, 견제와 감시에 기초한 새로운 시스템의 형성과 복지제도의 실질적 구축을 가능하게 할 것이다. 절차성, 투명성, 공정한 운영이 담보된다면 세계화라는 조건 하에서도 효율성과 평등성을 동시에 제고할 수 있는 시스템을 만들어 낼 수 있는 것이다.[16)]

16) 이는 결국 이해관계자 자본주의모델 또는 조정 시장경제모델이 된다.

그러나 개발국가의 지배연합은 와해되었지만 경제의 자유화와 민주화를 위한 개혁을 주도할 세력은 여전히 확고하지 못하다. 이 와중에 대기업은 과거의 지배연합을 대신하여 외국 금융자본 또는 국내 노조와의 담합으로 자본의 구조적 힘을 온존해오고 있다. 더구나 자본주의 체제에서 경제제도의 자유화와 민주화가 상반되거나 대체되는 개념이 아님에도 불구하고 경제자유화를 강조하는 세력과 경제민주화를 주장하는 세력간의 갈등과 대립이 커져왔다는 점이다. 소위, 사회민주주의 국가에서도 존재하는 독점자본에 대한 지나친 이념적 접근이 현실적 문제 해결을 더욱 어렵게 만들었다. 글로벌 스탠다드에 대한 오해와 왜곡은 문제를 더욱 혼란스럽게 만들었는데, 글로벌 스탠다드를 미국식 모델로 동일시하면서도 한쪽은 재벌개혁을 반대하고 다른 쪽은 노동시장의 유연화를 반대하고 있는 것이다.[17] 미국식 모델을 지향하기 위해서는 재벌해체와 노동시장의 유연성은 핵심적 전제조건이 되지만 이 두 조건이 충족되기 쉽지 않다는 점에서 민주적 코포라티즘의 가능성은 오히려 크다고 볼 수 있다.[18] 현재, 자유방임화된 재벌과 왜곡된 노동시장의 유연화라는 최악의 결합은 산업양극화, 임금격차의 심화 및 소득 양극화를 초래하는데 결정적인 역할을 하고 있다.

출자총액제한제도, 한미FTA 문제, 순환출자 문제 등에서 볼 수 있듯이, 경제정책이 갈수록 정치·사회문제화되고 있다는 점에서도 타협과 합의에 의한 새로운 발전모델의 필요성은 커지고 있다. 경제적 비용과 편익에 경도되었던 발전모델에서 정치적, 사회적 비용과

17) 미국식 경제모델을 글로벌 스탠다드로 보기 어려운 점이 있는데 분산주주모델, 금융자본과 산업자본의 분리, 자본시장을 통한 기업금융시스템 등은 모두 미국 특유의 제도이기 때문이다.

18) 물론 재벌을 해체하고 노동시장을 완전히 유연화할 수도 있겠지만 예상되는 엄청난 비용과 부작용을 고려할 때 민주적 코포라티즘으로의 전환비용이 더 적어 보인다.

편익도 함께 고려되는 경제사회모델로의 전환이 요구되고 있는 것이다. IMF 개혁으로 기업투명성은 높아졌지만 산업정책의 효과성과 투자의 효율성도 제고되었다고 보기 어렵다. 투자부진으로 성장잠재력이 약화되고 있는 상황에서는 경제성장은 물론 새로운 발전모델로의 전환 자체도 어려울 수 있다.[19] 시장질서를 위한 개혁이 자본에 대한 압력으로 인식되어 자본파업 상황이 나타나지 않도록 하기 위해서는 시장경제의 다양성 또는 기업지배구조의 다양성에 대한 논의를 바탕으로 새로운 발전모델에 대한 최소한의 합의가 요구된다고 하겠다.[20]

발전모델 또는 자본주의 다양성의 핵심은 시장과 정부의 역할 문제, 효율성과 형평성을 둘러싼 제도의 문제, 경제 주체들간의 조정의 문제이며 이는 한국의 새로운 발전모델을 위한 과제이기도 하다. 다양한 시장경제체제 중에서 어떤 성격의 시장경제가 한국의 발전모델로써 적합한지에 대해서는 연구자 뿐 아니라, 이익집단이나 사회계급의 이해관계에 따라 여러 관점과 대안이 제시될 수 있고 제시되기도 하였다. 한국의 개발국가가 정부의 역할과 효율성을 우선시하고 자본간 조정으로 급속한 경제발전을 이루었다면, 새로운 발전모델은 이에 더해 시장질서를 보호하고 노동과 자본간 타협, 사회적 형평성을 고려할 수 있는 제도적 발전이 요구되고 있는 것이다. 제도는 역사적 제반 환경에 의해서만 아니라 '의도'(intentionality)에 의해서도 만들어질 수 있다(North, 2005). 제도의 역할과 영향, 즉 제도의 효과는 매우 중요하며 선택과 결정에 의한 제도의 변화와 새로운 제도의 창출 가능성은 오늘날 한국에서와 같이 전환의 시기

19) 투자부진에 대해서는 한국경제학회 2006년도 제1차 정책포럼, "장기투자부진의 현황과 원인분석 및 대응방안" (2006년 5월 15일) 참조.

20) 사실 서유럽의 코포라티즘적 타협 또는 사회적 타협의 본질은 자본파업과 노동파업을 서로 하지 말자는 약속에 다름 아니다.

에 더욱 주목될 수 있을 것이다(Streeck & Thelen, 2005). 제도의 경로의존성(path dependence) 개념을 보다 적극적으로 해석하여 제도의 선택은 전체 체제에 중요한 영향을 미치고 이러한 제도의 변화와 제도의 발전은 사회적 과정을 거쳐 역사적으로 구축된다는 점이 강조되어야 할 것이다. 현재의 시점에서 제도의 지속을 넘어 제도 변화의 다양성에 주목해야 하는 이유이다. 최근 한국사회에서 새로운 발전모델을 둘러싼 갈등은 정부와 시장, 시장의 자유화와 민주화, 효율과 형평, 생산과 분배 등을 이분법적으로 인식하고 상충되는 것으로 보는 것에서 근본적으로 비롯되고 있다. 제도적 발전과 이해관계자간 조정을 통해 이들을 상호보강적인 관계로 변화시키는 것이 중요한데, 강소국 모델은 정부와 시장간의 역할분담, 유연한 제도, 조정 등을 통해 이러한 가치들을 동반적인 관계로 전환시키는데 비교적 성공적이었다.

Ⅳ. 새로운 사회경제모델의 모색: 민주적 개발국가 또는 민주적 코포라티즘

1. 강소국 모델과 민주적 코포라티즘

강소국 모델이란 스웨덴, 네덜란드, 핀란드 등 작은 강한 나라의 발전모델을 말한다. 이들 나라는 산업화에 의한 경제발전과 노동운동을 바탕으로 2차 대전 전후에 복지, 주택 등 전반적인 사회정책을 도입하고 케인즈주의적 혼합경제제도를 채택하였다. 정치적으로는 이익집단 또는 사회세력의 정치적 대표성이 높아 다당제에 기반한 의회정치가 발달하였고 좌파정당의 집권 또는 내각 참여는 일반적인 현상이었다. 1980년대 이후 대부분의 서유럽 국가들이 실업과 저

성장, 재정적자 등의 어려움을 겪고 있었는데, 강소국은 이러한 문제를 사회적 타협으로 해결하고 임금조정, 고용창출, 노동개혁, 복지개혁으로 대내외적으로 유연하고 경쟁력 있는 경제사회시스템을 만들면서 크게 주목을 받았다. 강소국 모델은 이론적으로 개방경제의 '작은 나라들(small states)'이 어떻게 세계시장에서 경쟁력을 높이고 국내적으로 안정과 분배를 이루었는가를 분석한 카젠스타인의 개방대응이론(Katzenstein, 1985)과 밀접한 관계를 갖는다. 높은 수준에서 조직화된 이익집단이 사회적 타협을 통해 사회경제적 성과를 가져왔는데, 이를 개발국가 모델, 자유주의적 모델과 구분되는 민주적 코포라티즘 모델로 설명하였다.[21] 스웨덴, 덴마크, 노르웨이, 오스트리아, 스위스, 네덜란드가 대표적인 사례이다. 노사협력에 기반한 사회 코포라티즘은 유연한 경제적 조정과 정치적 안정이라는 바람직한 성과를 가져와 1960년대까지 경제재건과 성장, 사회평화에 기여하였다. 즉, 전후 유럽 강소국의 경제성장과 복지국가의 발전을 가져온 사회 코포라티즘의 핵심에 협력적 노사관계가 있음을 알 수 있다.[22]

민주적 코포라티즘 모델은 세계화가 심화된 1990년대 이후에도 유연하고 경쟁력 있는 경제사회시템에 기반하여 성장과 복지를 지속해오고 있다. 물론, 부단한 노력에 힘입은 바 크다. 안정적으로 작동되었던 민주적 코포라티즘은 1970년 후반의 경제위기와 1980년대의 실업, 세계화의 심화 등의 문제에 직면하였는데 네덜란드와 덴마

---

21) 민주적 코포라티즘은 사회 코포라티즘과 같은 개념이다. 민주적 코포라티즘은 역사적으로 대공황, 파시즘, 2차 대전 등을 거치면서 노사간 정치적 타협에 의해 제도적으로 구축되었다(정병기 2004).

22) 반면에 1970년대 중반 이후 1980년대 들어 경제성장이 둔화되고 경제위기가 발생하면서 이러한 위기에 대응하는 방식으로 사회 코포라티즘이 다시 주목을 받았다. 즉, 임금자제, 일자리나누기, 복지개혁 등을 위한 사회적 합의를 만들어내려는 노력이 나타났던 것이다.

크, 스웨덴에서는 경제위기를 겪기도 하였다. 1982년 네덜란드의 바세나르 협약을 시작으로 스웨덴, 덴마크 등에서 민주적 코포라티즘이 부활하였다. 일반적으로 유럽모델은 규제와 경직성, 지나친 노동보호와 분배정책으로 경제의 활력이 약화되어 성장을 둔화시키는 것으로 인식되고 있다(Alesina & Giavazzi 2006). 그러나 서유럽 강소국들은 1980년대 이후 구조적 제약과 기회의 조건 하에서 정확한 목표설정과 추진역량을 갖추어 각자의 발전모델을 재조정하고 쇄신해왔다. 특히, 노사협력이 추진역량의 극대화에 중요한 역할을 하였다. 1990년대에는 노사관련 제도에 유연성이 도입되어 노동시장의 유연화와 임금협상의 분산화가 나타났는데 이로써 분권화와 중앙화, 유연성과 경직성의 이중전략 노사모델을 재구축하였다. 기존의 과보호되고 과규제된 경제사회시스템은 자유주의적 개혁을 거치면서 '집중화된 분권화', '조정된 탈중앙화' 또는 '조직된 탈중앙화'라는 생산적이고 안정적인 제도로 변화되어 기업 경쟁력 회복, 일자리 창출, 복지국가 지속 등의 성과를 가져왔다. 이러한 유연안정성 개혁으로 노사관계와 노동시장은 경제의 효율성, 근로자의 고용 및 소득 안정성에 기여할 수 있게 되었다. 이중전략이 가능할 수 있었던 것은 무엇보다 노동과 자본의 조직화에 기반한 노사정 3자협의제도라는 정치적 개입이 그 역할을 다했기 때문이다. 사회 코포라티즘 모델로 경제사회적 성과를 거두어 온 (Wilensky, 2005; Pontusson 2005) 유럽 강소국은 급진적 탈규제보다 제도의 개혁을 통해 유연하고 경쟁력 있는 체제를 발전시켜 온 것이다.

최근 들어 유럽 강소국에서 한국의 새로운 발전모델을 위한 시사점을 찾으려는 시도가 많아지고 있다. 강소국 경험의 시사점은 무엇보다 노사협력의 중요성이다. 사회 코포라티즘은 이익조정체제이다.[23] 자본주의 체제하에서 가장 두드러진 사회적 이해관계인 노사

당사자의 상호 인정과 신뢰는, 강소국에서 보듯이, 임금협상, 생산성 향상, 산업혁신의 첫걸음이 되고 경쟁력 있는 사회 코포라티즘을 발전시키는 초석이 되고 있기 때문이다. 이와 함께, 세계화, 기술 및 산업구조의 변화, 고실업, 양극화 등 국내외적 환경변화가 커질수록 정부의 역할이 중요하다는 사실이다. 1990년대 이후 스웨덴 사회 코포라티즘의 부활에는 정부의 적극적 역할과 의지가 크게 작용하였는데, 다양한 제도적 장치로 노사협력, 인적자원정책, 고용창출, 사회적 불평등 완화 등을 이루었다. 이는 유럽 강소국들에서 보여지는 공통된 모습이다. 최근 들어 제도적 변수로서의 정부역할의 '재발견'이 회자되고 있다. 정부는 사회구성원의 '자발적 창의성'을 높여야 하는 임무를 가지며 국민 각자의 능력을 최대한 개발하고 활용할 수 있는 조건을 갖추도록 하는 것이 궁극적인 목표가 되고 있다(조순 2006; 조성봉 2005; 신정완 2005). 교육과 고용의 중요성이 강조되는 것도 이 때문이다.

최근의 시도들을 살펴보자면, '민주적 발전국가'(조형제 외 2006)는 기존의 발전국가 또는 개발국가를 민주화하자는 주장이다. '민주적 발전조합주의(democratic developmental corporatism)'(양재진 2005)나 '한국형 사회적 시장경제'(신정완 2005)도 본질적으로 민주적 발전국가와 같은 맥락으로 사회 코포라티즘 제도의 도입과 시장경제의 사회적 성격을 강조하는 것이다. '사회통합적 시민경제'(이병천 2005)

---

23) 코포라티즘이란 원래 국가와 사회의 조합(mixture)으로 중요한 사회세력들이 정책결정과정에 참여하는 형태의 정치제도이다. 사회 코포라티즘은 계급적 이익만을 의미하는 것은 아니다. 네덜란드의 코포라티즘 제도는 노동과 자본의 경제집단 뿐 아니라 종교집단도 포괄하여 형성되었던 것이다. 즉, 코포라티즘은 노동과 자본의 이익만 대표하도록 하는 제도라기보다 역사와 상황에 따라 어떠한 사회세력도 사회적 합의에 의해 대표될 수 있는 제도인 것이다. 물론 스웨덴의 사회 코포라티즘은 전형적인 계급적 이익조정체제로 작동하여 왔다(정병기 2004; 김인춘 2005).

도 계급타협 노선을 바탕으로 유연안정성 모델을 강조하고 있다. 민주적 발전조합주의는 사회협의주의에 근거한 조정시장경제와 보다 적극적인 발전주의적 개입에 기초하고 있다. 주요 경제 주체간 민주적인 발전주의적 연대 결성, 금융제도와 기업지배구조의 이해관계자 자본주의로의 발전, 노조조직 및 노사관계의 산별노조 및 산별교섭화, 노동시장의 유연안정성, 사회보장제도의 내실화와 현대화, 경쟁력 있는 대기업과 중소기업을 위한 산업정책을 주장하고 있다. 한국형 사회적 시장경제 주장은 보다 구체적인데 복선형제도클러스터의 형성과 국민경제의 유연안정성을 지향하고 있다. 이를 실현하기 위해 사회적 시장경제 및 강소국의 조정시장경제 제도들의 도입을 주장하고 있다. 궁극적으로, 구체적인 개념이나 강조점의 상이함에도 불구하고, 민주적 발전국가, 한국형 사회적 시장경제, 민주적 발전조합주의, 사회통합적 시민경제의 공통된 주장은 한국에 민주적 코포라티즘 제도를 도입하자는 것이다.

이 논문은 기본적으로 이러한 주장과 맥을 같이 하고 있다. 그러나 기존의 많은 연구들이 전통적 발전국가를 평가절하거나 민주적 코포라티즘의 도입 필요성에 대해서만 주로 논의를 전개한데 반해, 이 논문은 전통적 발전국가 제도의 재발견 또는 선택적 쇄신이 중요하다는 전제하에 보다 구체적인 조건을 제시하는 데서 그 의의를 찾고자 한다. 또한 재벌해체, 중소기업 지원, 노조조직화, 비정규직의 정규직화 등 바람직해보이지만 현실적으로 쉽게 실현되기 어려운 방안에 대해서는 유보적인 입장을 취한다. 중소기업 부문은 일방적 지원보다 점진적인 구조조정이 요구되며 노조조직화는 당연히 바람직하지만 조직율을 높이지 못하는 노동운동의 한계가 지적되어야 할 것이다. 비정규직 문제는 매우 복잡한데, 중요한 것은 직장보장이 아니라 고용보장과 동일한 노동에 대한 동일한 대우라 할 것이다. 강소국의 노동시장 유연안정성은 바로 고용기간은 유연화하되 차별없는 동일한 고용조건과 실업급여를 보장하는 것이다. IMF 개혁처럼 급격한 모델 전환은 또 다른 후유증을 가져올 수 있는데, 이는 자연조건은 물론 역사와 사회문화적 배경이 다르고 각 나라에 맞는 발전방식이 있어 왔기 때문이다(조순, 2006; Roe, 2003; Lazonick 1993). 일본은 일본식으로 세계적 경제대국이 되었고 스웨덴은 스웨덴식으로 세계적인 복지자본주의를 만들었다. 일본은 1990년대부터 15년에 걸친 경제침체로 개혁과 함께 미국식 시장경제체제로 일부 재편되기도 하였으나 '오늘의 새로운 일본은 기본적으로 옛날의 일본'이라는 말과 같이 독특한 일본식 제도와 가치가 지속되고 있으며 결코 미국모델로 전환되지 않았다고 한다(조순, 2006; Vogel 2006). 네덜란드, 스웨덴, 덴마크도 1980년대 이후 지속적으로 시장자유화의 개혁을 추진해왔음에도 보편적 복지국가와 민주적 코포라티즘이라는 기본체제는 유지되고 있다.

이들에게 개혁이란 국내외의 환경변화에 맞게 사회경제시스템을 수정하고 업그레이드하여 그들이 추구하는 사회경제적 가치가 잘 실현되도록 하는 것에 다름 아닌 것이다. 즉, 개방경제체제 하에서 그들의 제도가 세계화라는 환경변화에 효율적으로 잘 적응되도록 하기 위한 개혁인 것이다. 정책과 제도를 변화시키고 발전시켜 새로운 환경에 대한 경제 및 사회의 적응효율성(adaptive efficiency)을 높이는 것이다. 강소국의 민주적 코포라티즘도 역사적 발전과정에서 나라마다 독특한 성격과 제도를 가져왔기 때문에 한국 또한 이러한 제도의 변화와 발전이 불가능한 것은 아닐 것이다. 그리고 한 사회가 추구하는 가치는 사회적으로 합의된 것으로, 일본의 경우, 기업경쟁력, 경제성장, 사회적 조화와 안정을, 유럽강소국은 기업경쟁력, 경제성장, 사회적 평등과 복지 등일 것이다. 사회적으로 합의된 가치와 지향, 이를 실현하기 위한 구체적 방식은 한 국가가 스스로 결정하고 만들어내야 하는 것이다. 그러나 경제위기 이후 지금까지 노동개혁, 기업지배구조, 성장과 분배 논쟁에서 보듯이, 우리가 추구해야 할 사회경제적 가치와 지향에 대해 정치적으로나 사회적으로 합의를 이루지 못하고 있는 현실이 큰 문제라 할 것이다. 발전모델의 방향을 찾고 그 방향으로 나아갈 수 있는 제도의 발전을 위해서는 어떤 형태로든 사회적 타협이 필요하다. 지난 20여 년간 다양한 형태의 사회협약이 시도되었는데 우리의 여건과 제도적 배경에서, 노사 등 이해관계자들이 참여하고 타협할 수 있는 사회 코포라티즘 모델을 만드는 것이 중요할 것이다. 그렇다면 어떻게 한국에서 사회 코포라티즘이 가능할 것인가.

2. 민주적 코포라티즘의 제도화 가능성: 제도적 유산의 문제

민주적 발전국가 또는 사회 코포라티즘은 현실적이고 실질적인 한국의 새로운 발전모델이 될 수 있는가. 이 논문은 이에 대해 긍정적인 관점에서 논의를 전개한다. 사회 코포라티즘이란 본질적으로 민주적 타협과 공정한 분배를 위한 것이기에 이를 가능하게 만드는 제도의 형성과 발전이 핵심이 된다. 따라서 스웨덴 제도를 한국에 확립하는 것이 사회 코포라티즘의 필요조건인 것은 아니다. 아일랜드는 아일랜드식으로, 네덜란드는 네덜란드식으로 민주적 타협과 공정한 분배를 위한 제도를 만들었다는 사실이 강조되어야 할 것이다. 한국에서 발전모델의 개혁 또는 전환을 위해서는 먼저 개발국가의 모든 제도적 유산을 청산하기보다 선별할 필요가 있다고 본다. IMF 개혁 당시에는 과거의 제도는 모두 폐기의 대상으로 여겨졌지만 현실성이 결여되거나 불완전한 새로운 제도들을 시행하여 실패한 경우가 많았기 때문이다. 한국 발전국가모델을 해체하고 주주자본주의를 이식하려던 대부분의 IMF 개혁은 외형적인 변화와 많은 비용에도 불구하고 성공적이지 못했고 그 결과 신자유주의로의 전환은 여전히 진행중이다(Yee, Jaeyeol, Keun Lee, Byung-Kook Kim, Chung H. Lee. 2005). IMF 개혁은 개발국가에 의해 왜곡된 시장을 급진적으로 투명화하고자 했지만 기존 제도의 변화를 이끌어내지 못한 채 신자유주의적 압축개혁의 부작용을 초래했다. 1990년대 이후, 특히 경제위기 이후 한국의 발전모델은 시장규칙의 정립을 위한 규제국가를 지향하고 있는데 공정한 시장규칙은 모든 선진 자본주의 경제체제의 핵심적 요건이라는 점에서 발전모델의 개혁 또는 전환을 앞당기는 촉매제라 할 수 있다. 시장규칙을 위한 국가개입의 지속, 자본·금융시장의 개방과 자유화 심화, 노사정위원회 등 다양한 발전모델이 혼재되어 있는데, 이러한 불안정한 교착 구조는 엄청난 사회경제적 대가를 치르게 하고 있다. 현재의 상태에서 나아갈 수 있는 발전모델의 큰 방향은 민주적 발전국가 또는 사회 코포라티즘 모델과 신자유주의 모델이 그것이다.[24)]

개발국가의 유산을 안고 있는 현재의 발전모델은 미국식으로도, 유럽식으로도 제도 전환이 가능한 요소들을 가지고 있다. 저복지, 노동배제, 금융시장 등에서 미국식의 요소들이, 시장개입, 기업지배구조, 정치화된 노조 등에서 유럽식의 요소들을 찾을 수 있다. 민주적 코포라티즘의 제도화 가능성은 역설적으로 개발국가의 유산에서 찾을 수 있을 것이다. 과거의 권위주의적 개발국가를 되살리자는 것이 아니라 개발국가의 제도적 비교우위 요소를 변화시키고 발전시킬 수 있을 것이기 때문이다. 저복지와 노동배제는 공정한 분배와 민주적 타협을 가로막아 왔다. 시장개입과 정치화된 노조는 상황에

---

24) 물론 혼합형도 가능할 것이다. 혼합형은 영미모델을 기본으로 한 형태와 동아시아모델을 기본으로 한 형태가 있을 수 있다고 보여진다.

따라 공정한 분배와 민주적 타협의 가능성을 가져올 수 있다. 현재 논란이 되고 있는 개발국가의 유산은 재벌체제, 정부개입, 빈부격차, 적대적 노사관계, 노동배제, 대화와 타협문화의 부재 등으로, 특히 재벌체제, 정부개입, 적대적 노사관계 등은 민주적 코포라티즘의 제도화에 역설적으로 기능을 할 수 있는 것들이다. 더구나 양극화, 빈부격차, 적대적 노사관계 등은 경제위기 이후 신자유주의적 개혁으로 더욱 악화되고 있다는 점이다. 민주적 발전국가로의 이행을 위해서는 노사협력이 전제되어야 하고 신자유주의적 미국모델로의 이행은 재벌개혁을 요구한다. 현재 한국의 경제사회시스템이 불안정한 교착상태에 처해 있는 것은 바로 이 두 전제조건이 해결되지 못하고 있기 때문이다. 노사협력을 강조하면서도 노조를 인정하지 않고 미국식 모델을 주장하면서도 재벌체제를 옹호하는 모순과 이율배반이 그것이다.

신자유주의 모델의 대표인 미국 자본주의는 위험에 도전하는 기업가정신, 규제철폐, 무한경쟁을 기반으로 역동적인 경제성장과 높은 생산성을 이루어 왔다. 그러나 경제적 성과에도 불구하고 미국모델에 대한 내외의 선호는 그리 높지 않다. 1990년대 이후 경제적 번영의 과실은 소수의 부자들에게 독점되었고 양극화와 불평등의 심화, 중산층의 쇠퇴로 미국모델의 제도개혁이 시급하다는 평가를 받고 있다.[25] 자유방임을 신조로 하는 미국식 신자유주의는 양극화를 19세기 말 수준으로 심화시키고 있기 때문이다(조순, 2006, 이강

25) 미국모델이 심각한 불평등에도 불구하고 지속되기 위해서는 전반적으로 더 부유해져야 하며, 극빈계층에 대한 사회안전망이 확보되고, 모든 이들에게 기회의 평등이 가능해야 한다. 그러나 최근의 현실은 교육불평등의 심화로 기회의 평등은 사라지고 있으며 미국이 자랑해온 공정한(fair) 게임은 이제 과거의 일이 되고 있다(*Economist* 2006). 특히, 최근 들어 세계은행 등 세계화 진영 내에서도 미국식 신자유주의에 대한 성찰과 반성론이 일고 있다.

국 2005; 전창환 2006). 자본주의 다양성에서 보듯이 미국자본주의 또한 역사적 발전과정에서 구축된 미국 특유의 체제이기 때문에 부분적 반영은 가능하나 전면적인 도입은 더 큰 후유증을 가져올 수 있고 성공하기도 어렵다. EU나 일본도 미국식 제도를 벤치마킹하지만 개혁을 통해 자신의 모델이 더욱 효율적으로 지속, 발전되도록 노력하고 있다. 한국이 미국모델을 추구하기 위해서는 무엇보다 양극화와 불평등에 대한 인내의 한계가 높아져야 할 것이나 평등주의적 가치관(송호근, 2006)으로 인해 쉽지 않을 것이다.[26] 제반 사회세력의 정치참여가 심화되고 있는 현실에서 신자유주의에 대한 거부감의 확산도 미국식 모델로의 전환을 어렵게 하고 있다. 공정한 시장경쟁 규율이 자리잡지 못하고 사회안전망도 미비되어 있는 상태에서 미국식 모델로의 전환은 비록 경제적 효율성을 담보한다 하더라도 정치적, 사회적 효율성을 보장하기는 어려울 것이다.

더욱 본질적인 문제는 한국의 기업지배구조가 자본시장과 M&A에 의한 기업감시 체제를 특징으로 하는 미국식 외부분산주주모델과 결합이 가능하지 않다는 점이다. IMF 개혁은 미국식 시장경제를 지향했는데, 그 핵심은 자본 및 금융시장을 개방, 발전시키고 인수합병을 활성화하는 미국식 기업지배구조를 정착시키는 것이었다. 그러나 한국의 기업지배구조는 소유가 집중되어 있고 폐쇄적인 대주주가 경영권을 갖는 내부지배주주모델의 성격을 가지고 있으며, 오랜 재벌체제로 인해 변화와 개혁이 쉽지 않을 뿐 아니라 저항도 매우 큰 것이 사실이다.[27] 한국의 기업지배구조 문제, 즉 재벌체제

---

26) 한국의 소득분배는 소득 지니계수 0.310(2004년)로 통계적으로 여전히 양호하다고 하지만 금융 및 부동산의 자산 지니계수는 0.586(1999년))에서 0.638(2004년)로, IMF 이후 크게 악화된 것으로 나타나고 있다(남상호 2007).

27) IMF 개혁으로 적대적 M&A가 가능해졌지만 경영권 보호를 위한 한국 대기업의 극단적 대응은 또 다른 시장왜곡과 사회경제적 부작용을 가져오

는 발전모델의 전환을 둘러싼 논의의 핵심이 되고 있다. 가족소유제도나 상호주식보유(cross-shareholding)를 통한 비금융(non-financial) 기업들이 많다는 점에서 한국의 기업지배구조는 스웨덴이나 네덜란드와 매우 유사하다. 기업지배구조는 국가마다 다양하게 나타나며 정치제도, 생산체제와 노사관계, 정치사회적 권력관계 등 정치사회적 제도와 밀접한 관계를 보여 왔다(Roe 2002; Lazonick 1993; Gourevitch & Shinn 2005; 이우성 2006). 스웨덴의 기업지배구조는 폐쇄적인 대주주제도임에도 불구하고 소액주주를 잘 보호하는 것으로 유명한데 이는 미국식으로 가지 않고도 소액주주를 보호할 수 있는 제도가 가능하다는 것을 보여준다. 스웨덴은 민영화 수준이 매우 높고 일본의 통산성 같은 산업정책이 거의 존재하지 않았지만, 노조와 사회민주당의 압력과 같은 정치적 방식으로 가족소유집중제도가 지속되고 있다. 한국의 재벌체제가 해체되기 어렵고 그 효율성을 인정하더라도 최소한 유럽식의 민주화된 재벌체제로 전환되어야 하며 이를 위해서는 노사협력과 코포라티즘의 제도화가 요구된다 할 것이다. 기업지배구조란 기업감시시스템을 의미하는데, 시장에 의한 미국식 기업감시체제가 아니라면 강소국에서와 같이 노사협력과 코포라티즘에 의한 이해관계자들이 이러한 역할을 할 수 있기 때문이다.[28] 구체적으로는 기업이윤의 투자화를 촉진하는 (디스)인

고 있다. 일부에서는 시장규율을 강화하기 위한 제도개혁과 규제정책은 재벌체제가 갖고 있는 역동성과 긍정성을 훼손한다는 주장을 하고 있는데, 대주주의 권한을 약화시키는 재벌규제는 투자기피, 경기침체, 성장동력의 고갈, 경영권 위험 등의 부작용을 초래한다는 주장이 그것이다.

28) 물론 한국의 대기업들은 과거처럼 그 어떤 감시도 받고 싶지 않겠지만 이는 더 이상 가능하지 않다는 사실도 잘 알고 있을 것이다. 정경유착이란 권위적 개발국가 체제에서 기업 감시를 담당한 관료와 정치인이 감시를 소홀히 한데서 비롯된 관행이라 할 것이다. 미국의 엔론, 월드컴, 타이코 사태에서 보듯이 미국식 기업감시시스템도 완벽한 것은 아니다. 이 논문은 기업지배구조간 비교우위를 논하는 것은 큰 의미가 없다고 보며 대신

센티브를 강화하고 기업이윤의 사적소유화를 억제하여 전반적으로 분배의 자원이 되게 만드는 것이다. 대신, 경영권을 보장하는 것이다. 독일과 같이 은행이 기업감시를 하도록 해야 한다는 주장도 있으나(이병윤 2006) 재벌, 즉 산업자본에 비해 취약한 한국의 금융자본이 이러한 역할을 할 수 있을지는 의문이다. 시장경제시스템이란 시장규율에 다름아니고, 감시를 통한 시장규율의 정착은 새로운 발전모델의 핵심인 경제시스템의 선진화에 필수적이다.

3. 민주적 코포라티즘의 제도화 가능성: 타협과 조정의 문제

개발국가와 IMF에 의한 압축성장과 압축개혁의 문제들을 해결하기 위해서는 타협과 조정은 피할 수 없는 의제가 되고 있다. 민주적 발전국가 또는 사회 코포라티즘의 핵심적 전제조건은 노사협력이다. 노사협력은 강소국 발전모델의 핵심으로 계급타협에 의한 사회 코포라티즘의 자본주의 발전을 가져오는데 기여해왔다. 노사협력은 자본주의체제가 안정적이고 지속적으로 발전하는데 중요한 요소로서 노사 당사자의 지속적인 노력과 신뢰가 요구되는 일이다. 특히, 강소국에서 사용자의 적극적 자세와 정부의 의지가 초기의 노사협력 제도화에 기여하였고, 노사협력이 경제효율성 제고, 복지국가와 사회정책의 제도화, 노동시장의 안정에 중요한 역할을 한 점은 우리에게 시사하는 바가 크다 할 것이다. 노동과 자본의 전략적 인식 변화에 따라 강소국 수준의 거시적인 사회협약이 아니더라도 중간수준 또는 미시적 노사협력의 제도화도 가능할 수 있기 때문이다. 물론, 한국 노동계급의 내부 분열, 허약한 연대와 조직화는 코포라티즘의 제도화를 어렵게 만들 수 있지만, 세계화 이후의 경쟁적 코포라티즘

기업감시제도의 중요성과 다양성을 강조하고자 한다.

또는 린(lean) 코포라티즘에서는 위계적 노동조직보다 분리된 조직간 그리고 분권화된 조직간 네트워크에 의한 조율이 더 중요해지고 있다. 오늘날 코포라티즘의 부활은 대외경쟁력이 더욱 민감해진 세계화에 의해 오히려 촉발되고 있는데 이로 인해 코포라티즘의 전통이 약하고 집중화된 노동조직이 갖추어지지 않은 나라들, 즉 아일랜드, 이탈리아, 스페인, 포르투갈에서 노조의 전략적 참여로 사회협약이 강화되고 있는 것이다(Traxler 2004). 또한 1990년대 이후 새롭게 정착해가는 일본모델은 내부연관과 외부 모니터링을 결합시켜 작업장 내 협조적 노사관계, 기업특수적 인적자산 중시라는 기존 시스템의 장점을 유지하는 방향으로 발전하고 있는데(정건화 2006), 이는 미시적 노사협력의 사례이다.

이제 무엇을 타협하고 조정할 것인지가 보다 분명해졌다. 전통적 발전국가는 노동배제적, 성장중심적 국가주도의 조정시장경제 체제이다. 거의 폐기된 국가 주도의 자본간 조정 기능을 노사간 조정 기능으로 쇄신하는 것이다. 무엇을 주고받을 것인지는 협상과 타협과정에서 충분히 논의될 수 있을 것이지만, 자유방임화된 재벌, 왜곡된 노동시장 유연화를 바로 잡는 것이 중요하다고 본다. 곧, 경영권 보장과 재벌에 대한 감시, 고용유연성과 동일노동 동일대우의 문제가 그것인바, 이는 현실적으로 민주적 타협과 공정한 분배를 위한 가능한 조건이 될 수 있을 것이다. 자본이 감시받지 않는 경영권과 고용유연성 모두를 가지게 해서는 안되듯이, 노동 또한 경영참여와 평생직장 모두를 가질 수 없다는 현실을 인정해야 한다. 스웨덴에서도 계급타협이라는 고유의 스웨덴 모델이 1970년대 초에 약화되면서 1980년대까지 노동은 노동대로(임노동자기금), 자본은 자본대로(중앙연대임금 거부) 좋은 것만 가지려고 했지만 그 결과는 모두에게 파괴적이었다. 1990년대 이후 스웨덴에서는 정부의 조정으로 자본은 산별 노사협상에 참여하고 있으며 노동은 생산성 향상에 매진하고 있다. 이러한 노사협력은 분규를 방지하고 고임금을 보장하여 노사 윈윈(win-win)의 성과를 가져왔다.

자본의 구조적 힘이 유감없이 발휘되는 신자유주의적 세계화 시대에, 더구나 한미 FTA 시대에, 경제성장과 분배, 사회적 통합을 목표로 한다면 타협과 조정은 피할 수 없는 전략이 되고 있다. 국가는 비록 그들이 원하지 않더라도 노사로 하여금 타협의 장으로 끌어들여야 한다. 최근의 한미 FTA 협상을 볼 때, 한국의 국가는 이러한 힘을 충분히 가지고 있다고 보여진다. 다만, 의지가 문제가 된다. 한국 노동세력이 물리적 힘보다 '전략적 행위'에 주목한다면 노사협력의 중요한 계기를 만들 수 있을 것이다. 한국에서 노사협력은 투자와 생산성의 문제, 고용과 임금 양극화, 주요 복지정책, 그리고 기업지배구조에 이르기까지 많은 문제의 해결에 중요한 조건이 될 수 있다. 노사협력이라는 요소가 잘 반영될 수 있는 발전모델은 '조정'을 강조하는 조정시장경제와 '제도'를 강조하는 사회적 시장경제체의 강소국모델이다. 한국은 자본간 조정의 특징을 갖는 '계열별 조정시장경제(group coordinated)'의 경험이 있다. 그러나 노동배제적 발전모델은 더 이상 지속되기 어려우며 노동의 참여를 보장하고 조정을 통한 계급연합 또는 계급협상의 사회 코포라티즘이 중요해지고 있는 것이다. 즉, 조정의 확대와 제도의 발전이 요구되고 있다. 조정시장경제 또는 사회적 시장경제는 이해관계의 대립과 갈등을 조정과 제도를 통해 해결해 나가는 방식으로 '조정'을 통한 계급협력은 생산전략에 영향을 주고 다시 계급협력을 용이하게 하는 선순환을 만들 수 있다. '조정' 방식을 발전시킬수록 그 조정의 정책과 제도가 다시 조정을 강화시키는 것이다. 자본주의 다양성은 결국 시장경제에서 조정의 정도(degrees of coordination)에 의해 나타난다. 역사적으로 많은 선진국에서 자본가의 참여와 지지에 의해 노사협력이 이루어지고 복지국가와 노동시장의 안정이 가능하였듯이(Mares, 2001; Swenson & Pontusson, 2000; Manow, 2001), 한국에서 노사협력모델의 제도화를 위해 자본, 특히 대기업의 역할이 매우 중요하다 할 것이다.

그러면 어떻게 대기업부문의 참여를 끌어낼 것인가. 한국의 재벌체제가 어떻게 코포라티즘 모델과 친화력을 가질 것인가. 하나의 방안은 특수인의 경영권 보장과 노조인정 또는 노사대타협 참여를 매개로 재벌에 대한 규율, 즉 경영 민주화를 확보하는 것이다.[29] 현재 한국의 대기업부분은 중소기업부문과 이중구조를 형성한 채, 노조를 인정하지 않는 비민주적 노사관계의 제도화 또는 독점이윤 일부를 공유하는 방식의 재벌-노조의 불안정한 갈등적 제도화의 상태가 지속되고 있다. 이러한 문제를 극복하는 것이 민주적 발전국가모델로의 전환의 핵심이라 할 것이다. 국가는 대기업부문의 참여를 권위적으로 강제하여 민주적, 협력적 노사관계를 제도화하고 산업간 양극화와 이로 인한 사회적 양극화 문제를 해결하는데 중요한 역할을 할 수 있다고 본다. 지배구조의 투명화를 위한 기업지배구조의 개혁은 피할 수 없는 현실인 바, 적대적 M&A의 미국식 기업지배구조를 받아들일 수 없다면 한국의 자본이 선택할 수 있는 기업감시제도는 분명해 보인다. 강소국에서와 같이 노사협력과 코포라티즘에 의한 이해관계자들이 기업감시의 역할을 하는 것이다. 주목할 점은 유럽

29) 과거 스웨덴의 발렌베리그룹에서처럼, 재벌의 가족 경영권을 보장하고 재벌로 하여금 노조를 인정하고 노사대타협 및 국가경제의 책임을 지게 하는 것이 그 한 방법이다. 스웨덴에서 가족기업집단이 장기적으로 성장할 수 있었던 배경에는 사회민주당 및 노조와 가족기업간, 대규모 기업의 사적 지배 및 경영권 인정과 대기업의 지속적인 투자 및 고용확대라는 1938년 노사대타협의 사회적 협약이 있다. 또한, 법적 수단이 미약함에도 경영상의 문제가 발생하지 않는 것은 가족기업의 사회적 지위와 명예라는 사회자본이 작용하고 있기 때문이다.

의 코포라티즘 타협과 기업지배구조 간에는 중요한 연관이 있는데, 기업의 소유집중도가 높을수록 코포라티즘도 강한 형태를 보여 왔다는 사실이다(Roe, 2003; Lazonick, 1993; Gourevitch & Shinn, 2005). 국가와 노사간에 타협의 여지가 큰 것이다. 친노동정책과 내부지배주주체제가 공존하고 있는 것이다. 스칸디나비아 국가들, 오스트리아, 네덜란드 등 강한 코포라티즘 국가들이 높은 수준의 소유집중도를 보여주는 것은 기업지배구조에 대한 이해관계자들의 타협이 긍정적이고 지속적일 수 있음을 보여주고 있다.

한국의 새로운 발전모델이 코포라티즘에 기반하기 위해서는 국가역할의 재정립이 필수적이다. 정부개입은 그 자체보다 어떤 개입을 얼마나 하느냐가 핵심적인 문제가 되며 개입의 종류와 질은 각 나라가 처한 경제사회적 상황에 따라 다를 수밖에 없다. 한국의 경우, 시장질서 정착을 위한 개혁에 개입의 초점을 맞추어야 할 것이다. IMF 사태와 그 후의 압축개혁의 후유증은 급속한 시장자유화와 미국식 경제제도로 가는 과정에서 나타난 것이다. 세계화 시대에도 자국의 사회경제적 안정을 위해 국가의 역할은 중요한데, 개방된 무한경쟁의 환경에서 새로운 기능을 필요로 하고 있다(장하준 정승일 2004). 세계화 시대에 우리가 추구해야 할 목표는 경제성장과 분배사이의 조화와 균형을 이루는데 있다. 수출의 확대, 인프라의 건설, 성장동력의 형성 등에 성공적이었던 국가의 역할이 계층갈등의 조정, 분배제도의 선진화, 인적자본 향상 등으로 확대되어야 한다. 정의롭고 민주적인 국가를 만들고 참여를 바탕으로 새로운 발전모델을 추구해야 한다면(임현진, 2006), 경제성장과 분배를 민주적 코포라티즘 방식으로 실현해내는 것이 중요하다. 투자와 소비로 성장을 이끌어내야 하지만 내수침체와 지속적인 투자부진으로 성장동력의 약화와 양극화의 심화가 우려되는 상황에서(김준경 · 임경묵,

2006; 오정근, 2006) 투자 활성화와 양극화 해소를 위한 사회적 타협이 고려될 수 있다. 네덜란드, 덴마크, 스위스, 스웨덴, 핀란드 등 개방경제의 강소국들은 세계화에 적극 참여하면서 정부역할과 조정시장경제를 바탕으로 노사협력에 기반하여 성장과 분배를 조화시키는 발전전략을 성공시키고 있다.

이익조정체제의 제도화는 국가역할의 재정립, 그리고 노사협력과 상호보완적으로 밀접히 연계되어 있다. 현재 한국의 이익갈등은 노사간 계급갈등만큼 대기업 대 중소기업, 수출산업 대 내수산업, 하이테크 대 저기술, 고기술노동력 대 저숙련노동력 등 산업간 부문별 갈등 또한 심각하다. 전반적으로 노사간 계급갈등이 지속되는 가운데 대외개방과 세계화의 심화, 신자유주의적 경제정책의 확대로 부문갈등이 커지고 있는 것이다. 자본가는 물론, 노동계급들 또한 자신의 위치에 따라 자유무역, 경쟁, 규제, 노동시장 또는 노사관계 등에 상이한 관점과 이해관계를 갖기 때문이다. 압축성장이 초래한 계급갈등과 압축개혁이 초래한 부문갈등을 동시에 해결해야 하는 것이다. 경제적 이익갈등 외에도 다양한 사회갈등이 지속되고 있다. 사회적 양극화의 완화를 우선으로 해야 할 민주적 발전국가는 기본적으로 미국모델보다 유럽식 사회모델과 유사하다. 실제로 1990년대 이후 코포라티즘 전통이 강한 네덜란드, 스웨덴, 오스트리아, 덴마크, 독일 등 일부 서유럽 사회에서 뿐만 아니라 코포라티즘 전통이 약한 아일랜드, 포르투갈, 핀란드, 이태리 등지에서 3자협의체제(tripartism)가 새롭게 정립하고 있다.

한국은 사회집단 또는 이익집단의 분절적, 배타적 성격으로 인해 네덜란드와 같이 공법화 과정을 통한 공식적 조정(formal coordination)의 사회 코포라티즘 제도를 구축하는 것이 바람직할 수 있다.[30] 스

30) 사실, 타협이 소기의 성과를 거두기 위해서는 사회적 신뢰, 즉 사회자본

웨덴의 사회 코포라티즘은 네덜란드와 달리 비공식적 조정이라는 특징을 보여 왔는데, 역사적으로 노사자율주의가 확립되어 왔기 때문이다. 2차 대전 이후 네덜란드의 임금정책, 노사협상, 노사정 협의는 모두 법적으로 공식화된 정책과 기제에 의해 이루어져 왔다. 수많은 사회집단의 참여욕구를 감안할 때, 역사적으로 사회통합과 노사 자율성을 발전시켜온 스웨덴의 비공식적 조정의 사회 코포라티즘보다 다양한 정치·사회세력을 제도적으로 포괄하여 사회 코포라티즘을 발전시킨 네덜란드의 이익조정 사례가 우리에게 시사하는 바가 더 크다 할 것이다. 정부의 이러한 역할은 국가개입이라는 개발국가의 유산을 개혁하고 발전시키는 것이다. 신자유주의적 세계화 시대에 이해관계가 대립되는 사회집단간의 조정과 협력은 사회안정을 위해서뿐만 아니라 경제발전을 위해서도 필수적인 조건이 되고 있다. 필요한 제도의 발전과 기존 제도의 적응 효율성을 높여 생산적이고 안정적이며 공정하고 유연한 제도를 만들어냄으로써 사회 전반의 효율성을 제고해야 할 것이다(North, 2005; Boix,1998).

4. 민주적 코포라티즘의 제도화 가능성: 전략적 선택과 의지의 문제

한국에서 민주적 코포라티즘의 제도화에 대해서는 일부 진보적 연구자들도 부정적인 입장을 보여왔다. 한국 노사정위원회의 파행적 운영에서 보듯이, 낮은 노조조직율, 적대적 노사관계, 기업별 노조와 미약한 좌파정치세력 등 사회문화적, 제도적 기반의 차이가 워낙 크기 때문이다. 그럼에도 제도적 유사성 또한 발견되는데, 시장개입,

---

이 매우 중요해진다. 단기적으로 손해가 있다하더라고 장기적으로 이익이 될 수 있다는 믿음이 없으면 사회적 합의는 의미가 없다. 한국은 사회자본이 강하지 못하기 때문에 더욱 공식적인 제도화가 요구된다고 하겠다. 이 문제는 별도의 연구를 필요로 한다.

기업지배구조, 정치화된 노조 외에도 민주적 코포라티즘의 대표적인 국가들이 한국과 유사한 경제구조를 가지고 있다는 점도 사회 코포라티즘이 가능한 근거가 되고 있다. 제조업 중심의 수출지향형 개방경제인 한국은 스웨덴, 핀란드, 아일랜드, 오스트리아, 벨기에, 네덜란드 등 유럽의 강소국과 유사한 경제구조를 가지고 있기 때문에 사회적 합의모델이 가능하다는 것이다. 이들 나라의 개방경제와 독점적 수출산업, 기업지배구조 등 경제구조의 성격은 우리와 유사하고 따라서 한국에서도 코포라티즘적 제도가 발전될 수 있다고 본다. 사회 코포라티즘의 형성과 발전은 역사적 산물로서 나라마다 그 성격과 형태가 다를 수밖에 없다. 사회 코포라티즘은 한 나라의 역사와 문화, 그리고 여기서 비롯된 제도로부터 크게 영향을 받기 때문에 스웨덴은 스웨덴식 사회 코포라티즘, 네덜란드는 네덜란드식, 아일랜드는 아일랜드식의 다양한 사회 코포라티즘이 형성되고 발전되는 것이다.

코포라티즘이 기본적으로 이익조정체계라는 점에서 볼 때, 그리고 한국사회의 첨예한 이익갈등을 감안할 때, 이러한 제도의 필요성은 갈수록 커지고 있다. 1997년의 경제위기로 도입된 신자유주의적 경제체제는 계층간 분배를 더욱 악화시키고 있으며 이러한 분배갈등이 한국사회의 발전과 안정을 막는 걸림돌이 되고 있다. 경제위기 이후 전개된 신자유주의적 압축개혁은 규제완화, 시장 자유화 확대, 정경유착 축소 등의 바람직한 효과를 가져오기도 하였으나 단기적인 국부상실, 장기적인 성장동력의 약화와 소득 양극화라는 후유증을 가져왔다(조순 2006). 개발국가 시대의 문제들이 IMF의 신자유주의적 개혁에 의해 해결될 것으로 기대되었지만, 오히려 경제적 불균형과 사회적 양극화가 심화되는 결과가 나타났던 것이다. 물론, 경제위기 이후 신자유주의의 부정적 영향을 완화하기 위한 '민주적 시장경제', '동반성장'의 비자유주의적 발전모델 전략이 시도되었으나 결과적으로 재벌의 시장지배를 강화하고 사회적 양극화를 확대했다는 평가를 받기도 하였다(최장집, 2005).[31] 민주적 시장경제와 동반성장 전략이 개념적으로 사회 코포라티즘, 조정시장경제 또는 사회적 시장경제와 유사하나 신자유주의 하에서 경영권보호를 위한 자본의 공세와 대기업노조의 단기적 경제주의 전략에 밀려 제도적 발전을 할 수 없었던 것이다. 국가의 주도성 약화와 함께 기득권을 가진 강력한 이익집단들의 배타적 이익추구 행위로 조정과 타협이 실현되지 못하고 있는 것이다.

사회적 분절 또는 이해관계의 다원화는 코포라티즘의 제도화를 가능하게 만드는 하나의 여건이 되기도 한다. 일반적으로 사회 코포라티즘이 발전한 나라들은 사회적 분열이 거의 없거나 약한 것으로 이해하기 쉽지만, 사실은 사회집단의 다양성 또는 이해관계의 복잡화, 분열화가 코포라티즘의 형성을 촉진해 왔다는 점이다. 서유럽의 많은 사회 코포라티즘 국가들이 계급적, 종교적, 이념적 또는 지역적으로 분리된 다당제를 가지고 있는 것이 하나의 증거이다. 그러나 사회적 갈등과 대립이 조정이 어려울 만큼 심화되었다거나, 이해관계의 갈등과 대립이 급격히 커질수록 코포라티즘은 형성되기 어렵거나 또는 기존의 코포라티즘은 교착상태에 빠질 수 있다는 점이다. 서유럽의 경험을 보면 경제적 호황기에는 사회적 합의가 비교적 용이하였지만 1970년대와 80년대의 경제위기 상황에서는 사회적 조정이 어려웠던 이유도 여기에 있다.

사실, 경제의 불균형과 성장잠재력 저하, 민주주의 정치의 낮은

---

31) 신자유주의적 경제정책은 높은 경제성장을 가져올 수는 있어도 동반성장을 담보하기 어렵다는 사실은 미국에서 잘 나타나고 있다. 미국 신경제의 호황에도 불구하고 분배의 양극화와 중산층의 쇠퇴가 심화되고 있는 것이다(*Economist* 2006; Sennett 2006).

생산성, 사회의 양극화와 분열 등 개발국가와 IMF 신자유주의 개혁이 초래한 문제들은 단기간에 해결될 수 없는 것들이다. 시장주의자들은 더 큰 시장자유화를 주장하고 개입주의자들은 시장민주화와 분배의 제도화를 요구하고 있다. 그러나 신자유주의 정책을 조건 없이 수용해서도 안 되고 분배정책을 과도하게 도입하는 것도 문제가 될 수 있다. 균형과 점진적 변화를 목표로 제도적 유산과 대외적 환경을 고려하여 새로운 우리의 발전모델을 모색하는 것이 바람직하다고 본다. 현재의 제약조건에서 전환의 가능성과 비용의 측면을 고려하여, 다양한 시장경제체제 중에서 한국에 가장 적합한 모델을 검토한 후 구체적인 발전모델을 설계해야 할 것이다. 교착상태에 빠져 있는 한국의 발전모델이 나아갈 방향을 잡아야 함에도 불구하고 그 전환동력을 제대로 갖추지 못하고 정치사회적 갈등이 커지는 불안정한 시스템이 오래 지속될수록 모든 사회세력과 행위자들에게 경제적 비용은 물론, 정치사회적으로 많은 부담을 부가시킬 수밖에 없게 된다. 전략적 선택과 의도적 의지(intentionality)로 사회경제적 지향점을 명확히 하고 제도적 발전과 변화를 추구하는 것이 '발전'과 '진보'로 가는 길이 된다고 본다. 지금의 불안정한 교착적 상황은 구조적 조건보다 행위자(agency)의 역할이 더 중요할 수 있다. 발전모델은 결코 추상적인 이념이나 이상 차원의 것이 아니다. 성장, 분배, 고용, 복지, 교육 등 극히 현실적이지만 가장 중요한 사회경제적 발전 목표를 성취하기 위한 구체적인 전략이자 방안이다.

V. 결 론

지금까지 1997년 경제위기 이후 개발국가의 전환을 중심으로 한국의 발전모델을 이론적, 경험적 차원에서 분석하고 새로운 사회경제모델의 가능성을 검토해 보았다. 이를 위해 한국 개발국가의 전환에 대한 분석과 비판적 검토를 시도하고 자본주의의 다양성 및 사회경제모델에 대한 이론적 분석과 강소국에 대한 경험적 분석을 하였다. 한국은 경제위기 이후 기존의 사회경제 제도와 정책에 많은 변화가 나타나고 있다. 과거 개발국가 시대의 제도와 관행은 이미 상당수 폐기되었으나 경제위기 이후 도입된 신자유주의적 제도와 정책은 사회세력간, 계급간 갈등으로 제대로 정착되지 못하고 있다. 또한 양극화의 심화는 사회갈등을 증폭시키고 있으며 대기업과 중소기업, 정규직과 비정규직 등 자본간, 노동간 분열현상도 심화되고 있다. 신자유주의적 세계화라는 외부환경은 명확한 발전 방향 또는 지향점을 가지고 가능한 모든 유무형의 자원을 결집시켜 발전을 추구하도록 만들고 있으나 경제사회적 갈등과 대립으로 국가경쟁력은 물론 삶의 질은 갈수록 악화되고 있다. 우리의 대내외 구조적 조건 하에서, 현재의 갈등과 대립을 최소화하고 국가경쟁력과 사회구성원의 복지를 향상시킬 수 있는 새로운 발전모델과 구체적인 제도의 선택과 변화가 필요한 것도 이 때문이다. 이는 사회적 대타협에 기반한 새로운 사회경제모델의 구축을 의미한다.

발전모델의 방향이 중요한 것은 구체적인 지향점을 가지고 노력한 국가들, 예를 들어 영국, 덴마크, 싱가포르 등이 신자유주의적 제3의 길, 유연안정성 모델, 규율 중심의 국가주의라는 각자의 발전모델로 경제사회적으로 좋은 성과를 보이고 있기 때문이다. 이 논문은 한국이 강소국모델보다 영미모델로 전환되는데 더 큰 구조적, 사회적 제약이 있음을 보여주고자 하였다. 특히 강소국은 경제성장과 복지, 유연성과 안전성을 제도적으로 조화시키고 있으며 경제위기에 봉착했다가 노사정 사회협약을 통해 고성장과 고용창출에 성공한 나라들이 적지 않다. 물론, 한국에서 이러한 사회협약이 가능한가에 대해서는 평가가 많이 엇갈릴 것이다. 다만 사회적 합의의 필요성에 대한 사회전반의 인식이 상당히 높아져있다는 점이 사회 코포라티즘의 가능성을 높이는 가장 큰 요인이 될 수 있을 것이다. 이 논문은 노사협력, 노동참여를 바탕으로 하는 민주적 코포라티즘의 제도화 가능성을 역설적으로 개발국가의 유산에서 찾고자 하였으며 제도적 유산, 타협과 조정, 전략적 선택과 의도라는 관점에서 논의를 전개하였다. 민주화된지 20여년이 된 지금에도 많은 사회구성원의 사회경제적 삶의 질은 향상되지 못하고 있고 민주주의가 위기에 직면하게 된 것도 실질적 민주주의를 담보할 수 있는 사회세력간, 이익집단간의 타협체제 또는 조정체제의 부재에서 비롯되었다고 할 수 있다. 서유럽 강소국의 경쟁적 코포라티즘이 시사하는 바가 바로 이것이다.

이 논문은 민주적 발전국가는 노사협력에서부터 시작되어야 하며 이를 위해서는 사회 코포라티즘의 제도화가 필요하다는 점을 강조하고자 하였다. 많은 연구자들이 지적하였듯이 대립적이고 승자독식의 정치제도와 문화, 낮은 노조조직율, 기업별 노사관계, 사회적 타협 및 합의전통의 미약 등 사회 코포라티즘의 제도화에 불리한 요인들이 상존하고 있는 것도 사실이다. 그러나 국가의 시장개입, 산업정책 등 국가 조합주의의 유산, 집중된 대자본, 정치화된 노동운동, 계급간 이익집단간 극심한 갈등 등 사회 코포라티즘의 제도화를 강제할 수 있는 요인들이 존재하고 있는 것도 사실이다. 국가의 역할이 조정과 서비스로 전환되고 대자본이 노사관계의 발전에 획기적 전기를 가져오는 역할을 하는 것이 그것이다. 대기업부문의 참여는 민주적, 협력적 노사관계를 제도화하고 산업간 양극화와 이로 인한 사회적 양극화 문제를 해결하는데 중요한 역할을 할 수 있다고 본다. 국가와 자본이 노동세력과 함께 사회적 합의체제를 이끄는 것이다. 복지국가와 사회 코포라티즘을 지향하는 것이 경쟁력과 유연성을 특징으로 하는 글로벌 자본주의와 조응하기 어렵다는 주장이 제기될 수 있다. 그러나 오늘날 코포라티즘의 부활은 대외경쟁력이 더욱 민감해진 세계화에 의해 오히려 촉발되고 있으며 한국 노동계급의 내부 분열, 허약한 연대와 조직화에도 불구하고 세계화 이후의 경쟁적 코포라티즘은 위계적 노동조직보다 분리된 조직간 그리고 분권화된 조직간 네트워크에 의한 조율이 더 중요해지고 있다는 점에 주목해야 한다. 강소국들은 대내외적 환경변화 하에서 지속적인 제도의 개혁과 발전을 통해 노사관계의 유연성과 경쟁력을 높이고 경제성장과 분배의 기반을 재구축하면서 발전모델을 쇄신하고 있다. 역사적으로 개방과 자유무역을 추진해온 강소국들이 민주적 타협과 공정한 분배의 사회 코포라티즘을 발전시켜왔듯이 개방화와 자유무역은 필연적으로 신자유주의를 전제하지 않는다.

한국의 국가는 시장자유화와 함께 사회적 조정, 사회투자, 사회안전망 등 새로운 개입영역에서 제도의 변화와 발전을 추구해야 한다. 한국이 일부 유럽식 제도를 발전시킨다 하더라도 어디까지나 '한국모델'에 기반하여 적용하는 것이다. 중소기업 중심의 덴마크 모델, 가족독점자본의 스웨덴 모델과 같이 우리의 사회경제적 환경과 역사적 조건에 따라 구축된 발전모델을 새롭게 발전시키고 개혁하려는 의도를 가지고 제도적 기초와 변화 능력을 바꾸는 것이다. 이러한 역할은 국가가 담당하여 노사로 하여금 타협의 장으로 끌어들여야 한다. 한국의 국가는 이러한 힘을 충분히 가지고 있다고 본다. 최근 들어 정책 결정에서 합의정치가 가능해지고 있는 점, 대연정 주장이 나올만큼 단일 정치세력에 의한 다수결주의의 힘이 약화되고 있는 상황도(김남국 2007) 정치사회적 타협에 의한 합의주의를 불가피하게 만드는 요인이라 할 것이다. 경제사회적 현안을 대안적인 발전전략의 틀 속에서 자본 및 사회세력과 유기적으로 연계해 어떻게 국가발전을 이끌 것인가를 모색해야 하는 것이다. 이러한 개혁 과정에서 주요 이해관계자들간의 조정과 타협, 특히 노사협력은 중요한 변수가 될 것이다. 새로운 모델, 대안적 모델이란 제도변화 또는 제도개혁을 통해 '발전된' 모델을 의미하는 것이지 완전히 다른 별개의 모델을 의미하는 것은 아니다. 자본주의 다양성 또는 제도의 경로의존성은 제도나 모델의 지속, 변화, 발전에 주목하면서 다양하고 변화하는 자본주의를 이해하고 제도의 비교우위성을 분석하는데 유용한 개념이다. 이 논문은 이에 기반하여 재벌의 민주화, 노동세력의 전략적 행위, 국가의 조정역할에 기반한 한국의 민주적 코포라티즘을 강조하고자 한다.

【참고문헌】

구갑우. 1998. "자유주의, IMF 위기 그리고 국가형태의 변화." 『경제와 사회』 창간 10주년 기념호 (40호)

김기원. 1998. "IMF 사태 이후 재벌의 구조조정", 『경제와 사회』 창간 10주년 기념호 (40호)

김남국. 2007. "다문화사회의 정치적 이해" 제16회 연세지역학 학술회 발표 논문, 연세대학교 대학원 지역학협동과정 2007.5.4.

김대환 외. 2003. 『동아시아 경제변화와 국가의 역할 전환』 한울

김상조. 2001. "재벌개혁에 대한 평가와 향후 과제" 『한국경제, 재생의 길은 있는가』당대

김수진. 1992. "민주적 코포라티즘에 관한 비판적 고찰" 『사회비평』 제8호: 106-139

김용학. 1999. "한국의 경제발전 모델은 즉각 폐기되어야 하는가" 『사회비평』 20호 여름호.

김윤태. 2001. "발전국가의 전환: 1980년대 이후 한국국가의 변화" 「동아시아 신흥공업국 경제의 변화와 국가의 역할 전환 - '발전국가'의 위기, 그리고 대안」 민주사회정책연구원/성공회대사회문화연구소 공동주최 특별학술회의 2001년 12월 15일

김은미 · 장덕진. Granovetter. 2005. 『경제위기의 사회학: 개발국가의 전환과 기업집단 연결망』 서울대학교 출판부

김인춘 · 김학노 외. 2005. 『세계화와 노동개혁』 백산서당

김인춘. 2005. "네덜란드의 코포라티즘과 복지국가의 발전", 『국제 · 지역연구』 제14권 4호, 서울대 국제대학원

김준경 · 임경묵. 2006. "기업투자부진의 원인분석과 정책방향" 한국경제학회 2006년도 제1차 정책포럼 발표논문 2006.5.15

김진영. 2003. "동아시아모델 논쟁의 극복: 새로운 발전론을 위하여" 『한국과 국제정치』 19: 1

김학노. 2006. "서유럽 사회적 협의체제의 변천: 민주적 코포라티즘의 쇠퇴와 부활" 비간행 논문

남상호. 2007. "우리나라 가구의 자산분포 현황과 시사점" 경제학 공동학술

대회 발표논문 2007.2.13
모종린 외. 2002.『한국 경제개혁 사례연구』 오름
박길성. 2003.『한국 사회의 재구조화: 강요된 조정, 갈등적 조율』 고려대학교 출판부
박병영. 2005.『한국발전모델의 구조와 동학』 한국학술정보
박은홍. 2000. "발전국가론 재검토: 이론의 기원, 구조, 그리고 한계"『국제정치논총』 제39집 제3호
성경륭. 2003. "국민국가의 위기와 재편: 제3차 국가형성에 관한 연구"『한국과 국제정치』 19: 1
송호근 편. 2001.『세계화와 복지국가: 사회정책의 대전환』 나남출판
송호근. 2006.『한국의 평등주의, 그 마음의 습관』 삼성경제연구소
신정완. 2005. "한국경제의 대안적 체제모델로서 '한국형 사회적 시장경제모델' 구상" 2005.12.15 참여연대 부설 참여사회연구소 발표논문
양재진. 2005. "한국의 발전모델과 국가관료제: 민주적 발전조합주의(Democratic Developmental Corporatism)의 모색" 연세대 동서문제연구원 제14차 동서정책 포럼 발표논문, 2005.12.5
오정근. 2006. "장기 투자부진 현황과 대응방안" 한국경제학회 2006년도 제1차 정책포럼 발표논문 2006.5.15
우정은. 1999. "한국의 국가, 민주주의 그리고 기업부문 개혁"『창작과 비평』 가을호(105호)
유석춘. 1998. "동양, 서양, 그리고 자본주의"『계간사상』 봄호
윤상우. 2002. "기로에 선 동아시아 발전모델: 한국과 대만 비교연구"『한국과 국제정치』 18: 3
윤영관. 1999.『21세기 한국정치경제모델』 신호서적
이강국. 2005.『다보스, 포르투 알레그레 그리고 서울: 세계화의 두 경제학』 후마니타스
이건범. 2005. "현단계 한국 금융의 성격과 금융혁신의 방향"『동향과 전망』 통권 64호 (2005, 여름호)
이병윤. 2006. "금산분리 관련 제도의 현황과 논점?" 한국금융학회 "금융산업 소유구조 재정립" 발표논문 2006.6.9
이병천. 1999. "한국의 발전국가 자본주의와 발전딜렘마"『창작과 비평』 가을호
______. 2005. "자유화, 양극화 시대의 무책임 자본주의: 사회통합적 시민경

제의 대안" 『아세아연구』고려대 아세아문제연구소 제48권 3호
이수훈. 1998. "반주변부적 국가발전의 성공과 좌절", 『동아시아의 성공과 좌절』 서울: 전통과 현대
이연호. 2002. "한국에서 규제국가의 등장과 정부-기업 관계" 『한국정치학회보』 36집 3호 (2002 가을호)
이우성. 2006. "기업소유지배구조의 국제비교와 사회적 제도와의 연관성" 2006. 9.19 연세대 경제연구소 산업정책세미나 발표논문
이정우. 2005. "양극화 극복을 위한 동반성장 전략" 연세대 동서문제연구원 제14차 동서정책포럼 발표 논문 2005.12.5
임현진. 2006. "한국의 발전 경험과 대안 모색: 새로운 발전모델을 찾아서", 『한국사회학』 제40집 1호(2006)
장상환. 2006. "세계화 이후 경제·사회 민주주의의 현주소" 민주화운동기념사업회 토론회 발표논문, 2006. 6. 29
장하준. 2004. 『개혁의 덫』 서울: 부키
장하준·정승일. 2004. 『쾌도난마 한국경제』 서울: 부키
전병유. 1999. "동아시아 경제의 성장, 위기, 조절의 메커니즘에 관한 비판적 연구." 『경제학연구』 제47집 4호
전창환·조영철 엮음. 2001. 『미국식 자본주의와 사회민주적 대안』. 당대.
정건화. 2006. "IMF 경제위기 이후 한국경제의 현황과 과제 – 경제시스템 변화에 대한 제도경제론적 검토" KIEP 학술심포지움 발표논문. 2006.6.23
정병기. 2004. 「세계화시기 코포라티즘 정치의 전환: 스웨덴과 네덜란드의 예를 통해 본 통치체제적 성격과 정치체제적 성격」, 『한국정치연구』 제13집 제1호.
정이환. 2006. 『현대노동시장의 정치사회학』 후마니타스
정진영. 1999. 『한국 외환위기의 배경과 발생』 세종연구소
조성봉. 2005. 『정부의 역할, 그 새로운 도전: 정부역할에 대한 법경제학적 분석』 한국경제연구원
조순. 2006. "한국경제의 발전과 앞으로의 방향" 한국경제학회 2006년도 제1차 정책포럼 발표논문 2006.5.15
조형제·정건화·이정협. 2006. "신진보주의 발전모델과 민주적 발전국가의 모색." 진보정치연구소 발표논문. 2006.7.24
조희연. 1997. "동아시아 성장론의 검토: 발전국가론을 중심으로." 『경제와

사회』 겨울호(36호)
최장집. 2005. 『위기의 노동』 후마니타스
_____. 2006. "서평: 노동 없이 민주주의 발전 어렵다" 『아세아연구』 통권 125호:141-187
Albert, Michel. 1993. *Capitalism vs. Capitalism: How America's Obsession with Individual Achievement and Short-term Profit has led to the Brink of Collapse* N.Y.: Four Walls Eight Windows
Alesina, Alberto and Francesco Giavazzi. 2006. *The Future of Europe: Reform and Decline* Boston: MIT Press
Amable, Bruno. 2004. *The Diversity of Modern Capitalism* Oxford: Oxford Univ. Press
Amsden, Alice. 1989. *Asia's Nest Giant: South Korea and Late Industrialization* London: Oxford University
Boix, Carles. 1998. *Political Parties, Growth and Equality: Conservative and Social Democratic Economic Strategies in the World Economy* Cambridge University Press
Crouch, Colin & Wolfgang Streeck (eds.). 1997. *Political Economy of Modern Capitalism* London: Sage
Dore, Ronald. 2000. *Stock Market Capitalism, Welfare Capitalism: Japan and Germany vs. the Anglo-Saxons* Oxford: Oxford Univ. Press
Dunn, John (ed.). 1995. *The Crisis of the Nation State?* Cambridge: Cambridge University Press
Esping-Andersen, G. 1990. *The Three Worlds of Welfare Capitalism* Princeton: Princeton Univ. Press.
Esping-Andersen, G. & M. Regini (eds.) 2000 *Why Deregulate Labour Markets?* Oxford: Oxford Univ. Press.
Evans, Peter. 1995. *Embedded Autonomy: States & Industrial Transformation* Princeton: Princeton University Press.
Ebbinghaus, Bernhard & Philip Manow (eds.), 2001. *Comparing Welfare Capitalism: Social Policy and Political Economy in Europe, Japan and the USA* London: Routledge
Giddens, Anthony. 2002. *Where Now for New Labour?* Cambridge: Polity Press
Gourevitch, Peter & James Shinn, 2005. *Political Power and Corporate*

Control: The New Global Politics of Corporate Governance Princeton: Princeton University Press

Haggard, Stephan. 2000. *The Political Economy of the Asian Financial Crisis* Washington: Institute for International Economics

Hall, Peter & David Soskice. 2001. "An Introduction to Varieties of Capitalism" in P. Hall & D. Soskice (eds.) *Varieties of Capitalism: The Institutional Foundations of Comparative Advantage* Oxford: Oxford University Press

Hicks, Alexander. 1999. *Social Democracy and Welfare Capitalism: A Century of Income Security Politics* Ithaca: Cornell University Press

Hutton, Will. 2002. *The World We are In* N.Y.: Little Brown and Company

Iversen, T, J. Pontusson, D. Soskice(eds.). 2000. *Unions, Employers and Central Banks: Macroeconomic Coordination and Institutional Change in Social Market Economies* Cambridge: Cambridge Univ. Press

Johnson, Chalmers. 1982. *MITI and the Japanese Miracle: The Growth of Industrial Policy: 1925-1975*. Stanford: Stanford University Press

Katzenstein, P. 1985. *Small States in World Markets: Industrial Policy in Europe* Ithaca: Cornell Univ. Press

Kelly, Gavin, Dominic Kelly and Andrew Gamble. 1997. *Stakeholder Capitalism* London: Palgrave Macmillan

Kim, Eun Mee. 1993. "Contradictions and Limits of a Developmental State: With Illustrations from the South Korean Case" *Social Problems* 40(2)

z*Capitalism* Cambridge: Cambridge Univerity Press

Lazonick, William. 1993. *Business Organization and the Myth of the Market Economy* Cambridge: Cambridge Univ. Press

Levy, Jonah D.. 2005. "Redeploying the State: Liberalization and Social Policy in France" in W. Streeck and K. Thelen(eds.). *Beyond Continuity: Institutional Change in Advanced Political Economies* Oxford: Oxford Univ. Press

McIntyre, Andrew. (ed.) 1994. *Business and Government in Industrializing Asia* London: Allen and Unwin

Mahoney, James and Dietrich Rueschemeyer(eds.) 2003. *Comparative Historical Analysis in the Social Sciences* Cambridge: Cambridge Univ. Press

Manow, Philip. 2001. "Welfare State Building and Coordinated Capitalism in

Japan and Germany" in W. Streeck & K. Yamamura(eds.) *The Origins of of Nonliberal Capitalism: Germany and Japan in Comparison*

Mares, Isabela. 2001. "Strategic Bargaining and Social Policy Development; Unemployment Insurance in France and Germany" in Bernhard Ebbinghaus & Philip Manow (eds.), 2001. *Comparing Welfare Capitalism* London: Routledge

_____, 2003. *The Politics of Social Risk: Business and Welfare State Development* Cambridge: Cambridge Univ. Press

Moran, Michael. 2003. *The British Regulatory State: High Modernism and Hyper-Innovation* Oxford: Oxford University Press

Noland, Marcus. 2005. "From Player to Referee?: The State and the South Korean Economy." paper presented at the conference. "Toward the Second Miracle of Han River." Yonsei University. Seoul. Korea. 2005.10.12.

North, Douglass. 2005. *Understanding the Process of Economic Change* Princeton: Princeton Univ. Press.

Palme, Joakim. 2005. "Why the Scandinavian Experience is Relevant for the Reform of ESM" Discussion paper prepared for the UK Presidency of EU. Oct. 2005.

Pearce, Nick & Will Paxton(eds.). 2005. *Social Justice: Building a Fairer Britain* June, Institute for Public Policy Research (Politico Press)

Pierson, Paul (ed.). 2001. *The New Politics of the Welfare State* Oxford: Oxford University Press

______, 2004. *Politics in Time: History, Institutions, and Social Analysis* Princeton: Princeton Univ. Press

Pontusson, Jonas. 2005. *Inequality and Prosperity: Social Europe vs. Liberal America* Ithaca: Cornell University Press

Regini, Marino. 2000. "The Dilemmas of Labor Market Regulation" in G. Esping-Andersen & M. Regini (eds.) *Why Deregulate Labor Market* Oxford: Oxford Univ. Press

Roe, Mark. 2003. *Political Determinants of Corporate Governance: Political Context, Corporate Impact* Oxford: Oxford Univ. Press

Sewell, William Jr.. 2005. *Logics of History: Social Theory and Social Transformation* Chicago:University of Chicago Press

Soskice, David and Peter Hall. 2001. *Varieties of Capitalism: The Institutional Foundations of Comparative Advantage* Oxford: Oxford Univ. Press

Streeck, Wolfgang and K. Thelen(eds.). 2005. *Beyond Continuity: Institutional Change in Advanced Political Economies* Oxford: Oxford Univ. Press

Streeck, W. and Kozo Yamamura (eds.), 2001. *The Origins of Nonliberal Capitalism: Germany and Japan in Comparison* Ithaca: Cornell University Press

Swenson, Peter & J. Pontusson. 2000. "The Swedish Employer Offensive against Centralized Bargaining" in T. Iversen, J. Pontusson, D. Soskice(eds.) *Unions, Employers and Central Banks: Macroeconomic Coordination and Institutional Change in Social Market Economies*

Traxler, Franz. 2004. "The Metamorphoses of Corporatism: From Classical to Lean Patterns" *European Journal of Political Research* Vol. 43: 571-598

Vogel, Steven, 2006. *Japan Remodeled: How Government and Industry are Reforming Japanese Capitalism* Ithaca: Cornell University Press

Wade, Robert. 1992. "East Asia's Economic Success, Conflicting Perspectives, Partial Insight, Shaky Evidence." *World Politics* vol. 44, no.2 pp:270~320.

Wilensky, Harold. 2002. *Rich Democracies: Political Economy, Public Policy, and Performance* Berkeley & L.A.: Univ. of California Press

_______, 2005. "Tradeoffs in Public Finances: Comparing the Wellbeing of Big Spenders and Lean Spenders", paper presented at "International Symposium on Social Spending and Economic Growth in OECD Countries", Korea Institute for Health and Social Affairs, Nov. 22, 2005, Seoul, Korea

Yee, Jaeyeol · Keun Lee · Byung-Kook Kim · Chung H. Lee. 2005. "Visible Success and Invisible Failure in Post-Crisis Reform in the Republic of Korea: Interplay of the Global Standards, Agents, and Local Specificity" *Policy Research Working Paper.* The World Bank.

Zysman, John. 1983. *Governments, Markets, and Growth: Financial Systems and the Politics of Industrial change* Ithaca. NY: Cornell Univ. Press.

The Economist "Inequality and the American Dream" June 17th-23rd, 2006

동북아 지역공동체 인식 및 제도화의 과제

Perception and Institutionalization of Northeast Asian Community

저　　자 | 이제민 외
펴 낸 이 | 육낙현
인　　쇄 | 동아인쇄

1판1쇄 인쇄 | 2007. 11. 15.
1판1쇄 발행 | 2007. 11. 20.

등록번호 제2-1125호
등록일자 1991. 2. 11

펴낸곳 | 백산자료원
㊞100-193 서울시 중구 을지로 3가 334-2 청호빌딩 211호
전화 (02)2268-8668 팩시밀리 (02)2267-7710
http://www.paeksan.com
E-mail : pss1966@kornet.net

값 9,000원
ISBN 978-89-6194-000-9 93910